講談社選書メチエ

733

シルクロード世界史

森安孝夫

MÉTIER

目次

［カバー写真］釈迦の涅槃に際し、さまざまな人種・民族が音楽を奏でる様子を描いた「衆人奏楽図」。ベゼクリク石窟の壁画。東京国立博物館蔵
［p.3］トゥルファンのベゼクリク石窟。向こうに見えるのは天山山脈。著者撮影
［p.4-5］天山山中の羊の群れとテント。著者撮影
［p.6-7］モンゴル、ウランバートルの東南約 50㎞にある突厥のトニュクク遺跡。著者撮影

序章　世界史を学ぶ理由

1　歴史を必要とするのは誰か

いかに天才といえども人類史ないし世界史を一～二冊の本にまとめることなどとうてい不可能である。

世界史は可能か

私も歴史学者の端くれとして、そうした世界史全体を見渡せるような書物が書けないものかと若い頃から思い続け、内外で次々と出版される歴史関係書籍に注目してきた。しかし結局、古稀も過ぎた今頃になって、「そんなものは誰にも書けないのだ」と諦めにも似た確信をもつようになった。

それは、近年話題になったユヴァル＝ノア＝ハラリの『サピエンス全史』（日本語版は二〇一六年に河出書房新社より上下二巻で発行）を読んでみたからである。この大袈裟なタイトルが付けられた書物は、全世界で一六〇〇万部、日本語版も累計一〇〇万部近いベストセラーという。

しかしその内容といえば、確かに第一部「認知革命」と第二部「農業革命」には普遍性があり、我々をもおおいに裨益《ひえき》してくれるものの、第三部「人類の統一」、第四部「科学革命」と進んでくれば、やはり記述の対象は欧米中心となっていくのである。中国をはじめとする東アジアやインド中心の南アジア、そして私が研究している中央ユーラシアの諸民族の歴史や文化について言及するのはわずかである。結局、「人類の全史」といっても、実際は「西洋人の世界史」にすぎないのである。

だからといって、この『サピエンス全史』が私たち東洋人にとって価値がないというわけではない。人類はすべてアフリカに生まれ、文明は西アジアから始まり東西に伝播したのだから、第一部「認知革命」と第二部「農業革命」は西洋人にとっても東洋人にとっても等しい価値を有しているのである。

この『サピエンス全史』に限らず、これまで世界史というタイトルを付けて出版された著書は日本でも海外でも枚挙に暇《いとま》ないが、いくら探しても本当の意味で世界史といえるものは見たことがない。やはり一人一人の歴史学者は、自分の専門領域の緻密な研究を通じて獲得した歴史観に基づいて、可能な限り視野を広げた歴史像を提示することを使命とすべきであって、それ以上を望むのは無理なようである。それゆえ中央ユーラシア史を専門とする私にとっての使命は、長らくユーラシア東部の文明の中心であった中国から見た中華主義的歴史像も、近代以後にユーラシア西部から地球規模で発展した西欧勢力から見た西洋中心主義的歴史像も捨てて、騎馬遊牧民集団が活躍し、陸のシルクロードが展開した中央ユーラシアに視座を据えた世界史を構築する、ということになろう。

ただし、それは決して「中央ユーラシア中心史観」の提唱ではない。私はこれまで一度たりとも中央ユーラシアが世界文明の中心であったなどと主張したことはない。本書のタイトル『シルクロード世界史』とは、「陸のシルクロード」と「前近代ユーラシア世界」を同一視する私の立場から見た「前近代ユーラシア世界史」のことであり、その内容は前著『シルクロードと唐帝国』(講談社、二〇〇七年、文庫版二〇一六年)と相互補完するものである。

私の恩師の一人である榎《えのき》一雄に、『図説中国の歴史11　東西文明の交流』という労作がある。一九世紀以降のアジアの近代化がヨーロッパのお陰であることは誰でも知っているだろうが、榎は一五世紀から始まるヨーロッパの近代化がアジアのお陰であることを、この書物で簡明に説いたのである。榎が描いたのは決して中国の歴史ではなく、まさしくユーラシア世界史であり、私はその見方を受け継いでいる。

西洋は進んでいたのか

現代のグローバル世界をリードしてきたのはアメリカ合衆国であるが、そのアメリカはつい百年前までは西欧の後塵《こうじん》を拝していた。欧米中心の現代文明といっても、実はそのルーツのほとんどが西欧であることは周知の事実である。

ではアジアないし東洋は、長い人類の歴史において、西洋すなわちヨーロッパより遅れていたのか。決してそんなことはなく、むしろ事実はまったく逆である。例えば人類史に多大な影響を与えた四大発明、すなわち紙・火薬・羅針盤・印刷術のどれ一つをとっても、西洋で発明されたものはない。すべて中国に起源がある。それは、二〇〇八年の北京オリンピックの開会式を彩るパフォーマンスで、中国の主催者側がいささかしつこいほどに宣伝していた通りである。

紙・火薬・羅針盤・印刷術のうち、知識を伝える源である書物が安く普及することを可能にした紙は、唐代に中国からシルクロードを通って中央アジアのサマルカンド（今のウズベキスタン）に伝わり、そこから九〜一〇世紀に西アジアのイスラム世界に広まった。さらにそこから南欧イタリアに伝播するのはようやく一二世紀であり、西欧ではもっと遅れる。油性のインクを吸い取る紙がなければ印刷術も生まれない。中国の木版印刷は七世紀から始まっているが、グーテンベルクが活版印刷術を発明したのはようやく一五世紀である。

歴史とは何か

地球上に現存するありとあらゆる生物には、発生の起源から現在にいたるまでの「過去」はあるが、その由来を記述することを「歴史」とは言わない。歴史とは、あくまで「人類の歩んできた過去」を取りあげる時に使う言葉である。アフリカにおける人類の発生は約七〇〇万年前まで遡《さかのぼ》るが、我々の直接の祖先はアフリカで進化を遂げ、約二〇万年前（諸説あり）に現れた現生人類（新人ともいう現代型ホモ＝サピエンス）である。すなわち、すべての個人に少なくとも二〇万年の過去があるわけであるが、考古資料を駆使しても、現在にまで続く人間の歴史として遡れるのはせいぜい一万年前までである。

古代オリエント史を専攻する蔀《しとみ》勇造が著した『歴史意識の芽生えと歴史記述の始まり』は小冊子ながら示唆に富むが、それによれば「歴史」という言葉には少なくとも二つの意味がある。すなわち「出来事そのもの」と「出来事の記述」であり、前者を「存在としての歴史」、後者を「記録・叙述としての歴史」と言い換えられるという。私なりの表現をすれば、後者の歴史とは、人間社会を対象にして、過去の一定の時間と空間を切り取り、適切な言葉で表現することである。

文字がなくても口頭による伝承はあったし、文字が発明されてからは、木や竹や石や粘土板や金属などに記録されるようになった。歴史は過去についての集団的記憶であるが、過去の出来事をありのままに記憶・記述しているわけではない。特に文字で書き留められた歴史は、常に執筆当時の必要に応じているから、それなりの秩序をもち、執筆者本人ないし執筆させている人のものの見方・考え方だけでなく、宗教も含めて当時の社会の風潮までが反映される。だから、書かれた歴史はすべて主観的なものであり、百パーセント客観的な歴史などありえないし、歴史はすべて書かれた当時の現代史なのである。現代の学問としての歴史学も、「過去に遡って現在を説明するもの」でなければならない。

ほとんどの歴史書で基礎となるのは、主に文字に書かれた史料である。その「文字」を最初に必要としたのは、どの文明圏においても支配者であった。古代文明圏では祭政一致、すなわち祭りと政（まつりごと）は表裏一体であるから、神に祈ったり占いをしたり、税や貢物を徴収したり兵士や労働力を集める「帳簿（リスト）」を作成するために、文字が必要となったのである。

では、まず最初に歴史を必要としたのは誰なのか。それもまた支配者である。支配者はある一定の人間集団の支配を正当化し、その支配を継続させるために歴史を書かせるのである。必要がなければ、「過去」はあっても歴史は書かれない。では歴史を必要とした支配者とは一体だれなのか。それは権力者である。

人類最古の歴史記録は古代オリエント世界で「まつりごと」を処理するためにさまざまな文字で書かれた帳簿類にまで遡り、その後に箇条書きされた「王の年代記」（王統譜）が出現した。蔀勇造が言うように、「古代オリエント文明が総体として、過去について記述しさらにそれを編纂する文化を産み出したことは疑いない」が、現存するのは断片ばかりである。

では、まとまって残っている世界最古の歴史書は何か。それは西洋では紀元前五世紀のギリシアのヘロドトスによる『ヒストリアイ』（原義は「調査研究」、邦題は『歴史』）、東洋では紀元前一世紀の中国の司馬遷《しばせん》による『史記《しき》』といわれる。一方、日本では八世紀の『古事記』と『日本書紀』である。ヘロドトスの場合は、アジア（アケメネス朝ペルシア帝国）に対するヨーロッパ（ギリシア）の勝利を謳《うた》うものなので純粋に権力者のためのものとは言えないが、ほかの三つの歴史書は明らかに執筆当時の支配者たる権力者のためのものである。

「勝てば官軍、負ければ賊軍」という言葉は、多くの歴史書が勝利者側の立場で書かれてきたため、道理がどうあれ、勝者に正義があるとして美化する一方、敗者を実際以上に貶《おとし》めて記述する傾向のあることを鋭く指摘したものである。真に正鵠《せいこく》を射た至言である。言うまでもなく、世界中どこでも戦乱を勝ち抜いたものが権力者となるのである。そして負けた方は別天地へ逃亡するか、そうでなければ奴隷とされたり、汚れてきつい仕事に従事させられたりして、いつしかそれが「身分」となって定着するのである。

近代歴史学の由来と現状

近代世界の覇者となったのが西欧列強であったため、一九世紀になって彼らは自分たちに都合のいい万国史（世界史）を作り上げた。キリスト教ヨーロッパ世界というのはどんなに早く見積もっても、地中海を挟んでイスラム勢力と対峙したフランク王国のカール大帝（シャルルマーニュ）が西ローマ皇帝に即位した八〇〇年を遡ることはない。しかし西欧列強側としてはそれではかっこ悪いので、無理矢理に古代のギリシア・ローマ文明を頭に持ってきて、古代以来西洋が文明の中心であったかのようなフィクションを作り上げた。

しかし近代世界を支配した西欧は、かつてはローマ人から野蛮人とけなされたゲルマン人の世界であり、一方のギリシア・ローマ文明というのは実際にはエジプト並びにメソポタミアの文明の延長に位置し、地中海によって育まれた南欧文明である。それはアルプス以北の西欧とは直接関係ないものである。にもかかわらず欧米の歴史書では「古典古代」と言って、西欧の歴史があたかもギリシア・ローマから始まるように叙述し、明治以後の我が国の中等教育で使われた世界史教科書もそれを踏襲してきた。しかし、それは奇妙なことである。

これは、喩えていえば、我々日本にも紀元前の歴史叙述がなくて体裁が悪いからといって、「同文同種」の中国の歴史を借りてきて、日本史を中国古代の殷周時代から説きおこすのに等しい暴挙である。しかしながら一九世紀の西欧優勢の時代風潮の中では、このように無理な歴史観も含めて、西洋中心主義（ユーロセントリズム）が世界標準となって受け入れられ、明治日本もそれに追随したのである。

古今東西、歴史家は往々にして権力者に奉仕するものであった。あるいは、権力者のためでなければ、自分の所属する集団（家族・一族から国家にいたる様々な共同体）のためであった。自分の所属集団にはどういう起源・来歴があるのか、自分の生きている世界（多くは地域世界）の中で自分がどういう立場にあるのかを知りたいと願うのは、人間としての本能（知識欲）である。

近代西欧が産み出した民主主義の時代になってようやく、歴史をできる限り客観的に叙述し、権力の暴走を監視する役割が歴史家に与えられた。ここで初めて、近代の純粋な学問としての歴史学が成立する。現代の歴史学とは、人類が経験してきた大中小の事件（短期波動）のみならず、時間をかけてゆっくり変化してきた過程（長期波動）を、具体的に証拠を挙げながら、筋道を立てて説明しようとする試みである、と定義することもできよう。

しかしながら、現代世界においてさえ、民主主義とは名ばかりで実際には独裁国家に近いような国々では、歴史家は権力者に奉仕することを強要されている。その一方で、いったんはかなり民主主義化した日本などの国々においても、国家権力に迎合するだけでなく、民族主義（ナショナリズム）的な風潮が強まっている国民大衆に迎合するような歴史書が、次々に出版され、販売部数を伸ばしている。つまり世界中で民主主義が経年劣化をし、それに代わるシステムを人類はまだ作り出せていない。なんとも背筋の寒くなる話であり、これからの歴史学の使命にかかわる問題である。しかし歴史学の使命を論ずる前に、まず「権力」の本質について考えてみよう。

2　歴史と権力・権威・宗教

権力の本質

権力の源は何か。それはサル山のボスを見れば分かるように暴力である。腕力の強い者が弱い者を支配するのである。

しかるに我々霊長類の頂点にいるホモ＝サピエンスは、ゴリラやチンパンジーやニホンザルとは違う。一対一の肉弾戦では勝てない相手に、武器という道具を使用したり、集団を組んで対抗する「知恵」があった。知恵は生きる力なのである。

我々の直接の祖先である新人（現代型ホモ＝サピエンス）は、先行する旧人のネアンデルタール人（古代型ホモ＝サピエンス）より肉体的には遥かに劣っていた。にもかかわらず、結果的には新人の現生人類が旧人のネアンデルタール人に勝利して地球上から駆逐し、唯一の人類として生き残れたのは、テコの原理を使う投石器をさらに発展させて槍を遠投するアトラトルという強力な武器を発明し、集団で戦ったからである。これは最新の考古学的成果より分かったことである。

言ってみれば、人類史上もっとも凄まじいジェノサイド（集団殺戮、民族浄化）を我々の先祖が行なったのであるが、最新の遺伝子学者たちの研究から、アフリカ以外の現代人には、地域によって異なるが一～四パーセントのネアンデルタール人のＤＮＡが含まれていることが判明した。すなわち、ネアンデルタール人の一部は生き残り、結婚によって現生人類の中に溶け込んだのである。

権力の本質は暴力である。暴力というと聞こえは悪いが、人間集団の場合はそれを軍事力・警察力と言い換えれば、納得がいくであろう。現代でこそ男女平等が叫ばれるが、歴史は長らく男のものであった。なぜなら、一般的にみて腕力では男が女より強く、棍棒・刀剣・槍・弓矢が武器であった時代には男が遥かに有利であり、従って長らく権力を維持してきたからである。

今から二千年以上前の『史記』匈奴《きょうど》伝には、遊牧プラス狩猟という生業と騎馬による戦闘で一生を過ごしていた匈奴人社会の実態が、次のように記述されている。

成年男子は力強く弓をひくことができ、みな甲冑《かっちゅう》をつけた騎兵となる。その風俗は、平時には家畜に従って移動しつつ、鳥獣を射猟することを生業とするのであり、戦時には人々は戦さに習熟し、侵略し攻撃をする。これが彼らの天性である。

遠くまで飛ぶ武器には弓矢があり、接近戦用には刀や矛《ほこ》がある。有利とみれば進撃し、不利とみれば退却し、遁走《とんそう》することを恥としない。かりにも利益がありそうなところでは、礼儀知らずとなる。

君長より以下、皆、家畜の肉を食料とし、その皮革を着用し、毛織物の上衣をまとう。壮年の者が脂ののった美味いところを食べ、老人はその余りものをいただく。（彼らの習俗として）およそ壮年で強健な者を尊敬し、老いて弱い者を軽んじるのである。［森安訳］

人を動かす原動力は何か。それは恐怖と欲望、言い換えれば暴力と食欲・性欲・知識欲・所有欲（貨幣出現後は金銭欲）である。サル山のボスのあり方が典型的だが、動物が動物を支配する原動力は暴力であり、それによって食欲・性欲・所有欲も満たされる。人間についても基本的には同じであるが、人間は「知恵」のある「考える葦《あし》」であるから、共同体・社会ができあがってくると暴力だけでなく、財貨と超自然力（＝神、宗教）が加わってくる。しかも現実世界の恐怖の源である暴力は財貨（お金）で買うことができるから、暴力（軍事力）と財貨（経済力）は表裏一体のように結びつく。

ここにいたって、権力の本質とは暴力とお金と言い換えてよかろう。この真理が現代でも通用していることは、日々の新聞を少し注意深く読んでいれば容易に分かることである。

軍事力と経済力

『サピエンス全史』の著者ハラリは、二〇一九年に日本のテレビ番組に出演した際、男女の体力差が男性中心の歴史を作ってきたという通説は誤りだ、なぜなら現代の会社では六〇代の年老いた管理職が肉体的に壮健な二〇代の若者を支配しているのが普通だからである、と主張していた。

しかし、ボス猿は腕力が衰えたら若いオス猿に地位を譲らざるを得ないが、「知恵」のある人間は、たとえ自分に腕力がなくても、いろいろな策を講じることができる。早い話が、金で暴力を買う、つまり小は用心棒から大は軍隊まで、暴力装置を活用すればいいのである。六〇代の年老いた管理職が二〇代の若者を支配できるのは、会社のシステムや経済力が、腕力＝暴力の代わりとして機能しているからである。近現代だけでなく、古代までを見渡してみれば、男女の体力差が男性中心の歴史を作ってきたという通説を、いちがいに誤りとして退けることはできない。

ここで男が女を支配してきた歴史の現実として、衝撃的な言葉を二つ紹介しよう。一つは一三世紀の世界征服者・チンギス汗《カン》の言葉であり、もう一つは中世ヨーロッパの貴族の言葉である。

男にとって最大の快楽とは次のようなことである。敵を粉砕し、敵に打ち勝ち、彼らを根絶やしにし、その所有物のすべてを奪い、敵の貴婦人たちの目を泣きはらさせ、鼻に涙を流させる。そして敵の豊かな尻を持つ颯爽とした駿馬に騎乗し、敵の美貌の后妃たちの腹部を寝間着と褥《しとね》にして、彼女らのバラ色の顔《かんばせ》に見入って何度も接吻し、甘美な乳首のような色の唇を吸い続けることである。〔ラシード＝アッディーン『集史』チンギス汗紀〕

人の誉れに疑いを挟むような輩《やから》がいたら、血をもってしかその屈辱は拭えない。それに、敵が面前で逃げ出し、そのかわいい娘たちが足下で震えているのを目にするのに優ることなど、人生にあるだろうか。〔ハラリ『サピエンス全史』二〇三頁〕

歴史を振り返れば、エジプトのクレオパトラや中国唐《とう》代の則天武后《そくてんぶこう》、あるいは日本の卑弥呼《ひみこ》や北条《ほうじょう》政子《まさこ》など、前近代において女性の権力者が出現しえたのは、父や兄弟や夫、ないし一族の後ろ盾があり、そうした男性たちの経済力と軍事力を自由に使えた場合のみといっても過言ではなかろう。もちろん近代になってからの支配者であるイギリスのエリザベス一世、ロシアのエカチェリーナ二世、清朝の西太后《せいたいこう》なども、その権力基盤に変わりはない。

現代においてさえ、非民主的国家では軍隊が幅をきかせるだけでなく、軍人が最高権力を握る軍事政権が世界中あちこちで見られるのである。いかなる体制の国家であれ、権力者は自己の権益を守るためには暴力装置の発動さえ辞さないものである。自由や民主主義を求める学生・僧侶や市民が集会やデモをすれば、それは違法だとして政府側の警察の規制を受け、その規制が暴力的だと反発して石や火炎瓶を投げれば、暴徒という烙印を押されて逮捕・投獄されるのである。

「歴史は善悪を判断するものではない」〔岡田二〇一三a〕というのは至言であり、私は「正しい殺人」と「邪悪な殺人」という区別があるとは思っていない。しかしながら、近代以前に王族・貴族とか名門と呼ばれた権力者層のほとんどは、その先祖が腕力に優れて自ら多くの殺人をなしとげた強者《つわもの》であったか、知力に優れて蓄積した財力で他者に大量殺戮を命じた人か、あるいは権力に権威を与える役割をした宗教者のいずれかであったのではないかと考えている。だから自分は名門の出ではないなどと卑下する必要は、誰にもないのである。

もちろん近代の鉄砲・大砲の時代になると、単純な腕力は必ずしも必要ではなくなる。皮肉な見方をすれば、近代欧米社会で女性の人権が伸張したのは、腕力の弱い女性でもライフル銃やピストルで屈強な男を簡単に倒せるようになったからなのかもしれない。二〇〇七年四月一八日の朝日新聞の「天声人語」に、米国で「平等をもたらす装置」と呼ばれるものがあるが、それが「銃」だと我々日本人が想像するのは難しい、という文言があった。相手が屈強でも銃を持てば対等になれるという西部開拓時代に由来する表現らしいが、真に示唆的な言葉である。米国は今でも世界一の小型武器の保有国であり輸出国である。二〇一九年三月の朝日新聞の記事によれば、全世界で少なくとも一〇億丁の銃器が存在し、世界の市民が持っている全銃器の約四割が米国にあるという。

権力と権威

次に、本書でも重要なテーマとなる「宗教」について考えてみよう。

一般に宗教は平和的なものと見なされているが、実際には決してそうとは限らない。神や仏という超自然力は、肉体的な暴力とはならなくても精神的な暴力になりえるからである。神罰とか仏罰が下ると言われれば、誰だってその恐ろしさで萎縮《いしゅく》してしまう。そもそも洋の東西を問わず、国家権力を支える法律の起源は「神法」にさかのぼり、刑罰は神の怒りを鎮めるための贖罪《しょくざい》・犠牲であったというから［榎本二〇一八］、国家権力と超自然力を司る宗教的権威とはもともと結び付きやすいのである。

西洋史上に有名な一〇七七年の「カノッサの屈辱」とは、キリスト教高位聖職者の叙任権をめぐって争ったドイツ皇帝ハインリヒ四世がローマ教皇グレゴリウス七世に「破門」されたため、謝罪を余儀なくされた事件である。その後も宗教裁判にかけ異端として破門するというキリスト教会の常套手段は、中世を超えて近代にまで継続して使われた。「破門」というのはキリスト教徒にとってはとてつもなく恐ろしい暴力であった。「村八分」にされるどころか生命の保証さえなくなるからである。日本でも、中世の一大危機である元寇《げんこう》を撃退したのは御家人《ごけにん》の武力ではなく、寺社における祈禱《きとう》によって威力を回復した神々が神風を吹かせたからなのである［平二〇〇八］。また日露戦争の時、ロシア側の軍艦にはロシア正教の聖職者が乗っていたし、日本では社寺仏閣に兵士の武運長久を祈ったが、いずれも相手となる敵を殺傷し打倒することを祈願したのである。

さらに宗教の名のもとに殺人や戦闘行為や戦争が起きた例は数限りない。日本でも地下鉄サリン事件を起こしたオウム真理教があったし、現代世界のアルカイダやイスラム国（ＩＳ）やイスラム教徒による自爆テロの脅威は記憶に新しい。歴史を振り返ればすぐに、一一～一三世紀の地中海周辺を舞台にキリスト教徒とイスラム教徒が報復合戦を繰り広げた十字軍や、一六～一七世紀の西欧全土でカトリックとプロテスタントが争ったさまざまな宗教戦争が思い浮かぶであろう。

権力を支える宗教

多くの場合、宗教は権力によって社会的・経済的に保護される見返りとして、精神面で権力を支える働きをしてきた。すなわち、世界中のどこでも見られたように、権力に権威を与える国教的な宗教の姿である。イスラム世界では、「宗教と国家は双子のごとし」という言葉に象徴されるように、そもそも政治権力とイスラム教は密接に結びついているから説明の必要がないが、キリスト教におおわれた西洋世界では、八〇〇年にローマ教皇レオ三世がフランク王国のカール大帝（シャルルマーニュ）に西ローマ皇帝の冠を授け、次いで九六二年、教皇ヨハネス一二世がドイツ王だったオットーに神聖ローマ帝国初代の帝冠を授けた。

西アジアでは紀元前のアケメネス朝ペルシアでも紀元後のササン朝ペルシアでもゾロアスター教が国教となった。また八世紀中葉から内陸アジアを席巻《せっけん》したウイグルでは、第四章で述べるように、現在では消滅したがかつては仏教やキリスト教やイスラム教と並ぶ普遍的世界宗教であったマニ教が国教であった。ウイグルは西ウイグル王国時代に国教をマニ教から仏教に変え、一一世紀にはイスラム化した西隣りのトルコ系カラハン朝と交戦するが、カラハン朝側の文献にはウイグルに対して、「その家屋敷を焼き、その仏像を壊せ。その場所にモスクとムスリム集団を置け。その息子・娘を捕虜として、奴隷にせよ」という一文が残っている。

権力や国家と強い関係を築いたという点では、一神教とは異なり、個人の解脱を説く仏教も同様である。アジアの仏教世界では、古代インドのマウリヤ朝のアショーカ王やクシャーナ朝のカニシカ王、中国では菩薩《ぼさつ》王と呼ばれた隋《ずい》の文帝・楊堅《ようけん》や唐《とう》朝の則天武后、日本では飛鳥時代の厩戸王《うまやどのおう》（聖徳太子）や奈良時代の聖武《しょうむ》天皇などの事績がよく知られている。聖武天皇が全国の国府のある所に国分寺と国分尼寺を建立させたのは、まさしく仏教による国家鎮護のためであるが、その先例は隋の文帝による大興国寺や唐の則天武后による大雲寺に求められるのである。もちろん日本に仏教を教えた朝鮮半島の百済《くだら》をはじめ、東アジアの漢字仏教文化圏、インドから直接仏教を受け取ったチベット（吐《と》蕃《ばん》帝国とその後）、インドから仏教が伝わった東南アジアの国々において、仏教と王権が密接に結び付いていたことは周知のとおりであり、贅言《ぜいげん》を要さないであろう。

3　現代歴史学の使命

歴史学の三分類と歴史家の使命

歴史学というのは文科系の学問であって、そこには色々な解釈の入り込む余地がある。極端に言えば素人が出した思い付き的な仮説でも、即座には論破されないという事態がしばしば生じる。しかし、だからと言って、歴史学に論理的方法論・思考法はないのかというと、決してそうではなく、むしろ歴史学は文科系の学問の中ではもっとも論理的な側面を持っているのである。

私はこれまで、日々生産されている歴史関係著作を理科系的歴史学・文科系的歴史学・歴史小説（コミックを含む）に三大別してきた。「知の地平」を拡大させるという意味では三者に優劣はないが、区別は歴然としてある。

いつの時代でも「新しい歴史学」としてもてはやされるのは、大抵この中の文科系的歴史学の範疇《はんちゅう》に入る。マルクスの提唱した唯物史観もその一つであった。素晴らしいアイデア・着想ではあったが、それだけに推測も多く、いつかは具体的事実によって予見を覆《くつがえ》される危険をはらんでおり、二〇世紀末にそれは現実となった。

理科系的歴史学というのは、史資料（文献史料と考古・美術資料などを合わせていう）に基づいて緻密に論理展開され、他人の検証に十分堪えうる、つまり理科系でいう「追実験《ついじっけん》」を可能にする学術的論著を指す。

ある一つの歴史現象あるいは言語現象を解明するために、まずそれに関係する史資料を細大洩らさず収拾・蒐集《しゅうしゅう》する。次いで文献史料であればいかなる言語であれ読解するが、一語一語の解釈にさえ裏付けを取って（つまり同時代人の目線で）正しく解釈し、考古遺物・美術資料ならばいろいろな角度からそれを徹底的に分析する。この段階で、独善的にならず、万人の認め得る解釈をすることが肝要である。そのようにして明らかになった事実を、先行研究の完全なる追体験をして（先行研究をもれなく繙《ひもと》いて）すでに明らかになっている事実と組み合わせ、真実を究明していくのである。そこには安易な妥協や類推は見られず、大胆な推測も見られない。だから面白くないかと言えば、さにあらず、それこそ「事実は小説より奇なり」である。

とはいえ文献史料も考古・美術資料もほとんどが偶然に残されたもので、そこから理科系的歴史学で解き明かされる真実は点や線にすぎない。それを面にまで拡大するには、つまり歴史というストーリーを組み立てるには、どうしても空白を埋めるための「推論」をせざるをえない。その推論に学問的良心を堅持するのが文科系的歴史学であり、責任をもたないのが歴史小説である。

とはいえ私は一概に歴史小説を否定しているのではない。時代の雰囲気を正しく伝えるという基本原則さえ逸脱していなければ、そこに多少の空想や誇張があっても、過去を時間軸にそって整理し、その過去との関係性のなかで自らの存在を確認して、我々の歴史意識の醸成に裨益するものとなる。

実は私も、コミックを含む歴史小説が大好きである。いくつか例を挙げれば、『三国志』はもちろん、宋王朝と西夏が争った時代を背景に我が国のシルクロード文学の先駆けとなった井上靖『敦煌《とんこう》』、奈良時代の長屋王の変を描いた杉本苑子『穢土荘厳《えどしょうごん》』、対馬を仲介させて江戸時代の日本と大陸との関係を活写した辻原登『韃靼《だったん》の馬』、持統天皇を主人公とした里中満智子の長編コミック『天上の虹』などである。

歴史はヒストリー history であり、本来「語り」story の性格が色濃いものであるが、日本語としては「語り」は「騙《かた》り」に通じるというのがなんとも面白いではないか。歴史ファンも単純に歴史小説に騙《だま》されてはいけない。

史料批判と実証に基づき「事実の発見」を主とする理科系的歴史学は、あくまで文科系的歴史学や良心的な歴史小説の骨組みを作る材料であって、最終目標ではない。一方、感性や感情に訴えることもある文科系的歴史学と歴史小説は、時に政治的プロパガンダに利用される危険があることに留意されたい。

理科系的歴史学・文科系的歴史学が学問としての歴史学を構成し、文科系的歴史学・歴史小説が教養の範疇に入る。そこで私は、プロの歴史学者の使命とは、理科系的歴史学に七〜八割、文科系的歴史学に二〜三割の注力をすることであると考えている。すなわち、あくまで理科系的歴史学を基盤にしつつも、ストーリー性のある歴史を構築することである。ただし後者の仕事をするときには、自らの歴史観は強く打ち出しつつも、絶対に脱イデオロギーの立場を堅持しなければならない。それによって、政治的意図から神話や伝説を悪用し、民族の歴史を捏造《ねつぞう》するような真似《まね》を阻止する役割も果たせるであろう。

時空を超える教養──古代史の必要性

歴史を知ることは、腹の足しにはならないが、心の足しにはなる。

四大文明の時代から、壁画や装身具を彩る群青《ぐんじょう》（ウルトラマリン）色を出すために使われた顔料は高価なラピスラズリ（金精／青金石）であったが、その色を人工的に作り出すことに初めて成功したのは、一九世紀フランスのジャン゠バチスト゠ギメであった。彼はパリの理工科大学で化学を学んだ後、実業家になり、ウルトラマリンの四〇〇〇分の一の安価な人造顔料「ブルー゠ギメ」を発明して、巨万の富を得た。

その財産と事業を受け継いだのが、息子のエミール゠ギメである。彼こそが、現在のフランス国立ギメ東洋美術館（パリ）の前身となったギメ宗教博物館（リヨン）の創設者である。西欧より遥かに古くから文明を築いていた国々に興味を持って世界中を旅行し、とりわけエジプト文明に心酔し、また明治時代の日本も訪れた彼は次のように述べている。

自分は実業家の息子であり、工場長であったことで、労働者たちとの接触は日常のことであった。私は常に彼らには心の健全さや、体の健康を保つべく心を砕いてきた。学校や講座、音楽クラブ、共済組合などを創設した。ところが哲学の道や宗教の創始者たちが、そのような考えをもっていたことに気がついた。老子、孔子、釈迦牟尼、ゾロアスター、モーゼ、プラトン、イエス、マホメットらが、それぞれその時代に社会問題の解決策を提示していたのである。（中略）宗教博物館を私が創設したのも、労働者に幸福になってもらいたかったからである。

以上は、エミール゠ギメの日本旅行記の一部に当たる『明治日本散策　東京・日光』の巻末解説よりの引用である。解説を担当した尾本圭子（元ギメ美術館職員）は、エミール゠ギメの工場長就任五十周年記念祝賀会で挨拶した従業員が、「すべての雇用主がギメのようであったなら、社会問題は起こらなかったであろう」と言ったことを紹介し、音楽が労働者に教養や楽しみを与えるとなれば音楽ホールを作り、国家に先立って共済組合や年金の制度を設置し、教育を重視して学校や講座を開設したのは、マルクスやエンゲルスが現れた時代の経営者として彼なりの解決策を探っていた結果であろう、と指摘している。

ところで最近の我が国では、すぐに役立つような理科系の学問が重視され、文科系の学問が軽視される傾向にある。さらに二〇世紀の最後の四半世紀には、歴史学の役割は文化人類学や社会学や民俗学に取って代わられつつある、という風潮さえ生まれていた。二一世紀の今では、そんなことを言う者は影を潜めたと思うが、歴史教育の現場では、歴史は日本史だけでいいとか、世界史をやるにしても近現代史だけでいいとする風潮が強まっているのは一体どうしたことだろうか。

現代世界で起きているあらゆる事象を説明しようとする時、歴史学が政治学・経済学・文化人類学・社会学・民俗学などと勝負できるのは、時間と空間を自由に駆け巡りつつ、比べる力と結びつける力を発揮して論理的に因果関係を見出すことができるところにある。歴史学者の間でさえ近現代を重点的にやればいいなどと視野の狭いことを言う者がいるから、文化人類学・社会学などの社会科学に駄目出しされたり、地域研究に代表される「アメリカ型非歴史主義」に負けてしまうのである。歴史学の真髄は時間であることを忘れてはいけない。人類の「知の地平」を縦軸(時間軸)で考察する能力を涵養《かんよう》するのは、歴史学だけなのである。

現代に存在するあらゆるモノ(物質世界も精神世界もひっくるめて)はすべて歴史的所産である。だから現在はすべて過去で説明できる。個々人の衣食住のスタイル、言語、思考様式、美意識、道徳感、宗教などあらゆる人間活動の基礎になるものはすべて、幼児から成長する過程で周囲から与えられ取捨選択してきたものである。もちろん個人を取り囲む言語状況、社会・経済制度、国家体制などもまたすべて歴史的所産である。文化とは言語や宗教も含め社会集団が共有している知識の総体であるが、国家間や民族間の文化の違いを産み出した歴史の違いについて、相互理解がなければ平和共存はありえない。その違いは、古代史から学ばなければ分からないのである。古代史からやらなければ、なぜ日本が仏教国になったのかさえ分かるまい。

本当にグローバルな世界史が成立する必要条件は、世界のあらゆる地域や国家の歴史を一つの時間軸で並べ直す基準の存在である。その基準は今やキリスト紀年（西暦）でしかありえないが、古代史を学ばなければ、キリストが元々は西洋になど関係なく、ローマ帝国が三〇〇年以上もキリスト教を迫害してきたことも知らないままであろう。

世界史を古代から教えるのは大変だからという理由で、近現代史だけにしてしまえば、どうなるか。今でも教育の場やジャーナリズムで語られる世界史には西洋中心史観が根強くあるが、近現代史だけになればその傾向はいっそう強まるどころか、世界の先進文明はすべてヨーロッパに由来するのだというとんでもない思い込みを、人々に植え付けてしまうことになる。いまだに日本人は西洋ブランドが大好きで、アジアを蔑視する傾向があるし、大学の教員配置もことごとく西洋学に偏っている。

ひたすら文明開化を目指し欧米流に倣《なら》おうとした明治日本と異なり、第二次世界大戦後の日本では多くの歴史学者の努力もあって、近代以前の長大な歴史においてはアジアが世界の中心であったことが論証され、教科書にもそれが反映された。約一万一〇〇〇年前の農業革命を経た後の人類の文明は、メソポタミア文明・エジプト文明・インダス文明・中国古代文明のいわゆる四大文明で大きく花開き、現代にまで続く世界的宗教は西アジア・インド・中国で生まれ、一三世紀のモンゴル帝国の出現によってはじめて真の世界史が誕生したことは、ほぼ常識になりつつある。それなのに今また、世界史教育を近現代史に限定してしまえば、西洋中心史観が復活することは目に見えている。

歴史を学ぶ意義——自己認識と権力批判

かつて歴史を学ぶ意義はと問われた時には、「過去に学んで、現代に生かし、明るい未来を切り拓くもの」という紋切り型の回答が用意されていたものであるが、正直なところ未来を予測することなどできない。予測したところで、たいていは外れるのである。我々が、ある程度正確に知ることができるのは、過去の出来事だけなのである。長期的に過去から眺めなければ、国際情勢はもとより、国内で生起しているさまざまな現象やものごとの現状分析さえ不可能なのである。

歴史学に未来を予測する能力はないが、国家や企業の政策や方針にとっても、個人の人生設計にとっても「ガイド」にはなり得る。事実認識なくして、新しい判断は生まれない。個人、家族・親族などの血縁、会社・学校などの共同体、市町村などの地域社会、民族・国家・文化圏の由来を知る。その上に立って、世界の中の自分のアイデンティティを考察し、足元を見つめ、これから生きていく上に必要な判断の基礎を獲得することが大事なのである。自分は誰かということは、自分の先祖は誰か（ルーツはどこか）ということであり、アイデンティティの根幹は歴史である。

人類の歴史がまさに戦争の歴史、人殺しと領土の奪い合いと差別と搾取の歴史であったことは、誰の目にも明らかである。しかし、二〇世紀末までの戦後五〇年間の日本人は、小学校・中学校では無償で教育が受けられ、軍隊に入って人殺しを無理強いされることもなく、無法に家屋を破壊されることもなく、富裕層でなくてもそれなりに美味しいものが食べられ、綺麗な衣服を着て娯楽にも時間を割けるという人類史上で最も幸福な時代を経験した。それはひとえに徴兵制も戦争もなかったからである。

一方、たとえ民主主義国家であっても、特に貧困層の若者たちは志願して下級兵士となり、結果的に戦争にかり出され、人殺しを余儀なくされた場合も少なくない。アメリカ合衆国がいい例である。二〇世紀末までの戦後五〇年の日本人が、日本史上どころか世界史上で最も幸福だったことに気付いている日本人は、いったいどれだけいるのだろうか。

二一世紀に入り、国内では経済格差が拡大し、いじめやヘイトスピーチが横行し、海外ではテロと戦争が頻発するなど、状況は次第に悪化しているが、戦争だけは絶対に避けなければいけない。「憎悪」は「欲望」に劣らない強さをもった人間の本能であるが、戦争をあおる「憎悪」や「欲望」をコントロールするのが教育であり教養である。対外的な戦争や対内的な権力闘争で、大量の殺人を指揮した者が英雄になるという現象を皮肉って、「人間一人を殺せば殺人罪だが、万人を殺せば英雄」という言葉は、残念ながら現代でも生きており、いくつもの国家の権力者は殺人教唆の罪に問われてしかるべきであるのに、そうはなっていない。

人間世界には実に多くの格差や差別が存在する。人種差別、民族差別、部落差別、男女差別、実学と虚学という差別、学歴による就職差別など、あらゆる差別は今後も決してなくならないだろう。しかしながら差別というのはほとんどが「勝てば官軍」の論理の勝利者側が自己の都合の良いように作り出した人為的なものであり、歴史的に突き詰めていけば、そこに学問的根拠はないことが分かるのである。歴史を学ぶ意義の一つは、差別に学問的根拠がないことを知って、差別される側が強くなれることである。

私が長らく大学で教えていて一番驚いたのは、ある大学で講義を終えた後に、学生から「国立大学の教授が権力批判をしていいんですか」と問われた時である。あまりのことに啞然として、答える気力さえ生まれなかった。国公立・私立を問わず、歴史学に携わる教員の大きな使命の一つは権力の監視であり、そのために学生に批判精神を植え付けることである。それが許されない国は、もはや民主主義国家ではない。

国家権力側からすれば、「知の温床」である最高学府は、時に政権批判の温床となる危険をはらんでいるわけで、必要悪とも言えるのである。歴史学者は政治的にはできるだけ中立で、脱イデオロギーの立場であるよう求められるが、現代の民主主義の根幹が崩されようとするならば、それには当然ながら抵抗しなければならない。今や権力者の横暴を抑えられるのは、選挙権のある大衆の世論だけである。歴史家は「知恵ある」大衆の育成をめざす努力をしてもらいたい。

国家体制の違いにかかわらず、二一世紀の地球規模の課題は環境問題と人口問題である。歴史的に見れば戦争が時々の人口爆発を抑えてきたという恐るべき事実を踏まえつつも、戦争こそは最大の環境破壊であると認識して、今後は決して戦争を起こさないように、あらゆる軍事的・経済的・政治的軋轢を国際社会の教養あるメンバーが互いに知恵を出し合って解決する方向に進んでいって欲しい。知恵は何もないところからは生まれず、教養という蓄えがあってはじめて生み出せるのである。歴史という教養を持たない政治家など全く不要である。

第一章

ユーラシア世界史の基本構造

モンゴル草原の畜群。著者撮影

1　人類史の潮流

人類の誕生と拡散

この章では、私が考える世界史の大きな流れを概観し、その主な舞台となる「中央ユーラシア」と「シルクロード」についても定義しておきたい。

近代以前、すなわち一五世紀までの世界史の主要な舞台は旧大陸であるが、その場合の旧大陸とは、ユーロすなわちヨーロッパにアジアをプラスしたという意味のユーラシアが中心で、それにエジプトなどのアフリカ北辺の地中海沿岸を含んでいる。それゆえ正確にはアフロ＝ユーラシア大陸というべきであるが、本書では多くの場合、その意味でユーラシアと略称する。

約七〇〇万年前に生まれた人類はすべてアフリカ東部の大地溝帯が故郷であり、最初に出現した猿人が二〇〇万〜一八〇万年前に原人（ホモ＝エレクトゥス）にまで進化した後、一八〇万年前からアフリカを出て世界中に移動・拡散していった。そして五〇万〜四〇万年前より後、やはりアフリカ東部で進化した旧人のネアンデルタール人（古代型ホモ＝サピエンス）がアフリカを出て、西アジアから主にヨーロッパに拡散し、一部は東方の中央アジアまで達した。そして最後に約二〇万年前（異説あり）、アフリカでさらに進化して我々の直接の祖先となった現生人類（新人、現代型ホモ＝サピエンス）が、およそ一〇万年前（一説では七万年前）、かつての原人や旧人と同じようにエジプトからシナイ半島を越えて、あるいはエチオピアあたりから紅海を渡り、アフリカを出て西アジアに入り、そこからユーラシア大陸の東西に移動していった。ちなみに日本列島にモンゴロイドが到達したのは、およそ四万〜三万年前である。

もちろん以上の原人・旧人・新人の「出アフリカ」はいずれの場合もおそらく小規模な集団であり、しかも一度かぎりではなく、何度も繰り返されたのである。火の使用は原人からであるが、衣服をまとうようになったのは新人からであり、明確な言語を話すようになったのは新人の出アフリカ前後のことらしいから、意外なほど新しい。

かつては黒人種（ネグロイド）と白人種（コーカソイド）と黄色人種（モンゴロイド）は別々の祖先がいたと考えられていたが、今やミトコンドリアDNAという遺伝子研究の成果として、現在の地球上に生息する人類はホモ＝サピエンスただ一種のみということが判明している。簡単に言えば、アフリカ脱出後にユーラシア東部へ拡散していったのが後のモンゴロイドであり、ユーラシア西部に拡散したのが後のコーカソイドであり、アフリカに残留したのがネグロイドになったというわけである。

そもそも人種というのは一八世紀ヨーロッパで広まった便宜的概念にすぎず、表面観察と経験に基づく古い生物学（いわば文科系的生物学）の水準で、肌の色や骨格などの特徴によっておおまかに分類したものであった。近代世界に散在していた人類を、この文科系的生物学の基準のみで截然とは分類できなかったため、言語や風俗・習慣・神話などを含む文化を同じくし、同族意識を持つ集団（これを民族という）ごとに括っていった結果、三つの大集団に分かれた。そこで、それぞれをモンゴロイド・コーカソイド・ネグロイドと称したのである。

近年、分子人類学というさまざまな遺伝子を使う統計学的解析（いわば理科系的生物学）によって、遺伝子からみた人種間の違いは極めて連続的なものであることが判明した。これによってモンゴロイドには北方系と南方系の二グループがあること、およびコーカソイドに近いと思われてきたアイヌが、モンゴロイドであることが確認された。日本人は、アイヌ系と沖縄系の祖先集団と本州系の祖先集団の二つに区分されるが、いずれも北方系モンゴロイドであるという。

モンゴロイドとコーカソイドとネグロイドそれぞれの間には、たくさんの中間段階というかグラデーションが存在する。つまり肌の色や目の色や髪の毛などの違いは、現生人類が移動・拡散した後に形成されたものなのである。人種は生物学上の亜種か変種に相当し、人種の違いはアフリカを出て世界中に拡散した後の環境の違いによるものであって、優劣はない。二〇一九年三月二八日の朝日新聞によれば、米人類遺伝学会からは「人種差別のイデオロギーに遺伝学を使うことを非難する」声明が出され、また米科学振興協会総会でも人種差別に科学的根拠はないことが表明されている。

中央ユーラシアとは

内陸アジア史研究とアジア史概説に巨大な足跡を残した松田壽男《ひさお》は、アジア大陸を南から北へ湿潤アジア・乾燥アジア・亜湿潤アジアに三分する「三風土帯説」を提唱した。松田のこの「三風土帯説」はユーラシア全域に及ぼして考えることもできる。すなわち、(1)湿潤ユーラシアは東アジアと南アジアのモンスーン＝アジアとして一括される湿潤地帯、(2)乾燥ユーラシアは中央ユーラシアに西北インド〜西アジアを加えた草原と沙漠とオアシスが優越する乾燥地帯、そして(3)亜湿潤ユーラシアはカムチャッカ半島からシベリアを越えスカンディナヴィア半島にいたる北ユーラシアにヨーロッパの大部分を足した半湿潤地帯である。

本書に頻出する中央ユーラシアとは、ユーラシア大陸の中央部の意味であり、東西は中国の旧満洲西部からハンガリーあたりまで、南北はチベット高原からシベリア南辺まで、およそ北緯三五〜五五度に広がる乾燥地帯である。一九世紀以前の住民としては、遊牧民とオアシス農耕民・都市民を主とし、森林草原地帯の半農半牧民や狩猟民を従とする。

中央ユーラシアの最大の地理的特徴は、大西洋・インド洋・太平洋・北極海というユーラシアを取り巻く巨大な海から遠く離れているため雲が届きにくい、すなわち雨の少ない乾燥地帯であるという点である。特にその大部分を占める内陸アジアを大きく南北に分ける境界線が天山〜シル河線であり、そのラインより北側には草原ベルトが、南側には沙漠ベルトが東西に連なっている。具体的に言えば、草原地帯は満洲西部草原・モンゴル草原・ジュンガル草原・カザフ草原・南ロシア草原・ウクライナ草原・ハンガリー草原であり、沙漠地帯はゴビ砂漠・タクラマカン砂漠・キジルクム砂漠・カラクム砂漠などである。

中央ユーラシアのもう一つの地理的特徴は巨大な山々が連なっていることである。典型的なのが、アルタイ山脈・天山山脈・パミール高原・崑崙《こんろん》山脈・カラコルム山脈・ヒマラヤ山脈・ヒンドゥークシュ山脈など四〇〇〇メートルを超す山々である。それゆえたとえ海からの雲がある程度は届いても、大山脈の壁にさえぎられ、雨や雪になって水分が落ちてしまい、それが凍って氷河になる。その氷河が巨大な天然ダムの役割を果たし、雪解け水や地下水を供給してくれる。

図1　天山山脈の峠越え、海抜4000メートル付近の夏の景色。著者撮影

中央ユーラシアの大山脈は、日本人がイメージする山脈とはケタ違いに大きく、例えば天山山脈は東西の長さがゆうに二〇〇〇キロ以上、南北の幅が一五〇～三五〇キロもあるからほぼ日本列島と同じくらいの大きさである。海抜四〇〇〇メートルを超えれば氷河であり、その下にガレ場があり、さらに下って一五〇〇～三〇〇〇メートルあたりでは一面の草原、太陽の当たりにくい山の北斜面では針葉樹林となり、それよりさらに下で海抜一〇〇〇メートル近くなると沙漠になっていくが、河川があったり地下水の湧き出るところにはオアシスが点在する。

中央ユーラシアは、東アジア農耕文明圏、南アジア農耕文明圏、西アジア農耕文明圏そして地中海農耕文明圏から見て辺境に位置するように思われてきたが、視点を逆転すれば、これらの大農耕文明圏が中央ユーラシアの周辺に位置している。それゆえに、この沙漠・オアシス地帯と草原地帯の両方に、現代人がシルクロードと名付けた交通路が発達したのである。

シルクロードとは

まず最初に大方の誤解をといておきたい。シルクロード（絹の道）という綺麗な名前の道路が実際に地上に存在したわけではない。これはあくまで概念上のルートであり、前近代ユーラシアの歴史において中央ユーラシアが果たした重要な役割を分かりやすく説明するために使われている学術用語である。この用語が使われ始めた一九世紀末から二〇世紀初頭においては、それはもっぱら中央ユーラシアの沙漠地帯を通る「オアシスの道」の代名詞であった。

しかしながら明治以来、我が国の東洋史学がめざましい発展を遂げ、東西交渉史学なる分野を開拓し、視野を北方草原の遊牧民や、南海の海洋民にまで拡大するようになると、シルクロードは「オアシスの道」だけでなく、中央ユーラシアの草原ベルトを貫く「草原の道」と、中国から東南アジア・インドを経由して西アジアに達する「海の道」とを含むようになっていく。

図2　モンゴル草原のオルホン河流域の空撮。著者撮影

とりわけ「草原の道」は、主に日本人研究者が発見したものであり、しかも私が大学院で机を並べた林俊雄が繰り返し強調するように、ユーラシア大陸の東西間を結ぶ最短コースなのである［林二〇〇九・二〇一九など］。現在の東洋史学界の水準を反映すれば、陸のシルクロードとしては「オアシスの道」と「草原の道」の両者をまとめて捉えるべきであり、本書のシルクロードも、この両者を含めた意味である。「草原の道」には有名な天山北路も含まれるが、北中国の北京あ

たりからモンゴル草原に至り、アルタイ山脈を越えた後は、南下して天山北路に向かうのではなく、そのまま西方に向かう北側ルートもあるのである。

さらに一般に流布しているシルクロードの誤ったイメージを解いておきたい。シルクロードは東西だけを結ぶ数本の幹線道路でもなければ、二千年以上前の漢代に張騫《ちょうけん》が初めて開拓したものでもない。中国の絹はもっと前からシベリア南部にも地中海周辺にも届いていた。しかもそれは長安から長距離の旅をした単独の商人が運んだのではなく、短距離・中距離を移動した幾人もの公的使節や民間商人たちによってリレー式に中継されたものなのである。つまり張騫は、すでにあったシルクロードを一人で遠くパミール高原を越えてアム河流域の大月氏《だいげつし》の領域まで旅したゆえに、いかにもシルクロードの開拓者の如くに誤解されたのである。

シルクロードという用語の変遷の歴史は前著『シルクロードと唐帝国』に譲り、ここでは結論として私の定義を述べれば、シルクロードとは「近代以前においてユーラシアの東西南北を結んだ高級商品流通のネットワークであり文化交流の舞台」である。それはかつてイメージされたような東西だけを結ぶ交通路ではなく、南北にも張り巡らされた道路網（ネットワーク）であり、無数にある網の結び目（ジャンクション）の多くが交通の要地で、そこに大小の都市が発生し、交易と文化交流の舞台となったのである（図3）。

さらに言うならば、グローバル世界の交通・物流の中心が中央ユーラシアを離れ、大洋を繋ぐ海路に移ってしまった近現代において、この用語を学問的に使うのは不適切である（一〇二頁参照）。私たちの立場からすれば、シルクロード地帯とは前近代の中央ユーラシアのことなのである。

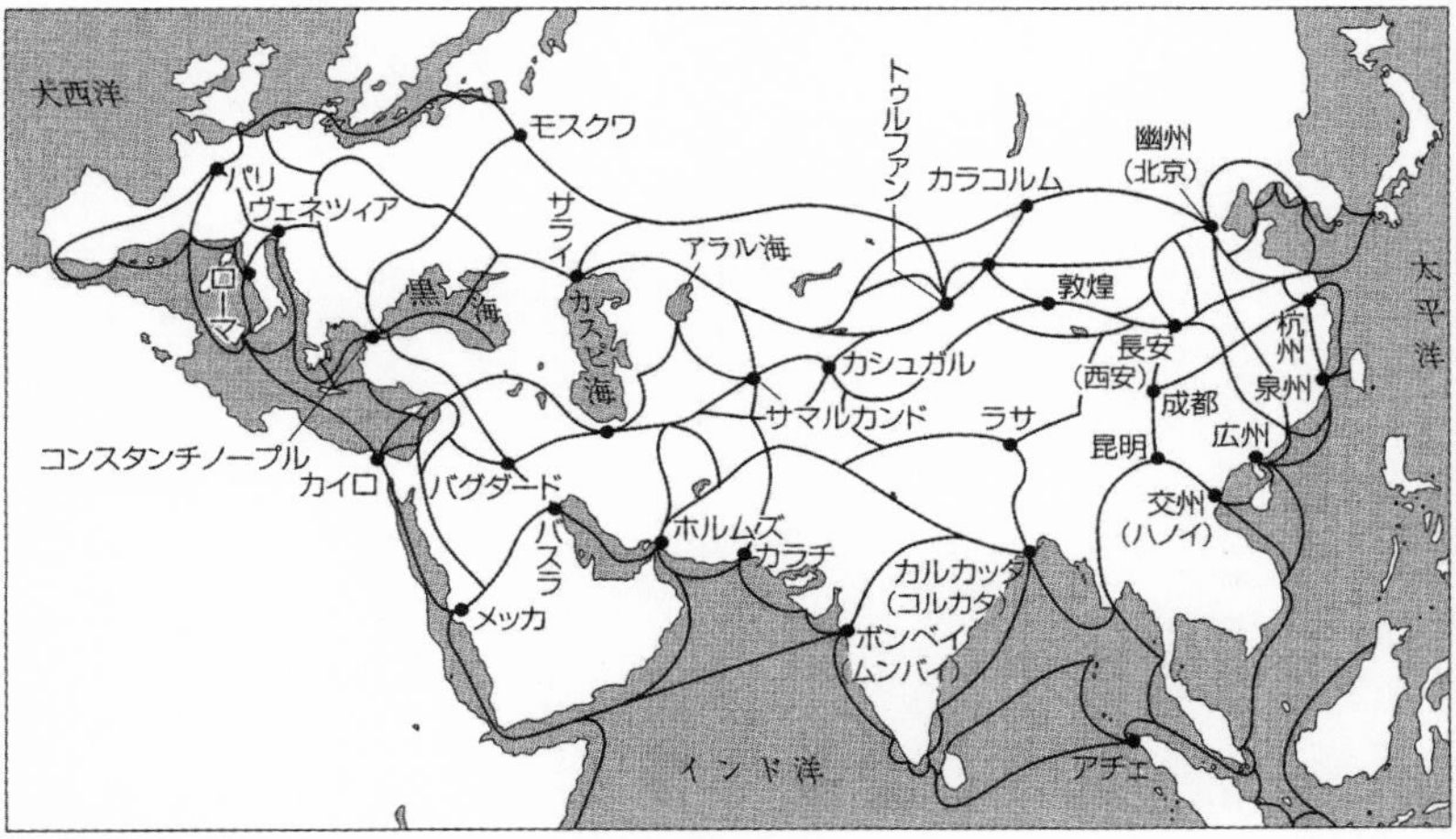

図3　シルクロード＝ネットワーク概念図

世界史の八段階

歴史家にとって、「時代区分」はその歴史観を端的に表現するものである。従来の世界史の時代区分で代表的なのは、古代・中世・近代もしくは古代・中世・近世・近代・現代とする単純なもの、それと二〇世紀を風靡したマルクス主義歴史学による「世界史の基本法則」、すなわち原始共産制→奴隷制→農奴《のうど》制（封建制）→資本主義→共産主義というものであった。

それに対して私は、農業発明以後の世界史を、以下に掲げるように時代区分することを以前より提唱している。すなわち世界史を八段階に分けたのであるが、それぞれの年代は世界中で最初にそのような現象が現れた時期を指すのであって、場所によってはかなりのタイムラグ（時間差）があることに注意されたい。

これまでの世界史というのは、マルクスの唯物史観の影響も強くあって、どうしても生産力中心の見方をしてきた。言い換えれば、農業地域中心、農耕都市文明中心史観であった。それは誤りではないが、一面的であった。そこで私は、生産力だけではなく軍事力と経済力（食料生産力と商工業とエネルギー）、さらにそのバックにある情報伝達能力に注目する。

世界史の八段階（長期波動）

①農業革命（第一次農業革命）　約一万一〇〇〇年前より
②四大文明の登場（第二次農業革命）　約五五〇〇年前より
③鉄器革命（遅れて第三次農業革命）　約四〇〇〇年前より
④騎馬遊牧民集団の登場　約三〇〇〇年前より
⑤中央ユーラシア型国家優勢時代　約一〇〇〇年前より
⑥火薬革命と海路によるグローバル化　約五〇〇年前より
（火薬革命によって「陸と騎射」の時代から「海と銃火器」の時代へと転換）
⑦産業革命と鉄道・蒸気船（外燃機関）の登場　二〇〇年余り前より
⑧自動車・航空機（内燃機関）と電信の登場　一〇〇年余り前より

この時代区分の特徴は、シルクロードが展開した前近代中央ユーラシアの歴史を世界史に連動させるため、「④騎馬遊牧民集団の登場」と「⑤中央ユーラシア型国家優勢時代」という時代区分を設けていることである。

近年は人類史と気候変動を結びつける研究が盛んとなりつつあるが、比較文明学の提唱者である伊《い》東俊太郎《とうしゅんたろう》は、文明の発達を人類革命・農業革命・都市革命・精神革命・科学革命という五段階に分け、それらがすべて気候の寒冷化した時期に当たっていると主張する。ここでいう都市革命は私の②四大文明の登場に対応する。一方、精神革命とは、元来はK＝ヤスパースに由来する見方で、およそ紀元前五～前四世紀頃に西アジアのユダヤ教、インドの仏教・ジャイナ教、後世に儒教・道教の始祖となる孔子・老子をはじめとする中国の諸子百家、さらにピタゴラス・ソクラテス・プラトン・アリストテレスに代表されるギリシア哲学などが一斉に生まれた現象を指す。しかしこの現象は、軍事力・経済力・情報伝達能力のいずれとも関わらないので、私の時代区分からは外している。

一方、隋唐時代を中心とする中国史の大家で前近代ユーラシア史の研究も続けている妹尾達彦《せおたつひこ》は、四～七世紀の草原地帯からの遊牧民の大移動期と、一六～一八世紀の西欧人の海外進出期とを二大画期として、世界史を三区分している［妹尾二〇一八］。

このように、研究者によっていろいろな時代区分があってよく、私は伊東や妹尾の見方を排除してはいない。しかし、いずれにしろ、古代・中世・近世・近代・現代という時代区分は、便利なので各文化圏や各国で今後も相対的に使われるであろうが、もはや絶対的な世界基準にはなり得ない。

また私の見方では、世界がグローバル化する以前、すなわち前近代においては、世界史の主要な舞台は旧大陸、すなわちユーラシアと北アフリカだけになっている。それは前近代にサハラ砂漠以南のアフリカと、南北アメリカ・オーストラリアといった新大陸にいた人々の文明は、近代ヨーロッパ人による鉄器・馬・病原菌・銃器の持ち込みによる大量虐殺によって破壊され［ダイアモンド二〇〇〇］、その後のグローバル世界史につながらなかったからである。つまり近代世界史に先行する前近代世界史とは、前近代ユーラシア世界史とほぼ同値とみなすのが本書の立場である。

2 歴史時代の始まり――農業革命から鉄器革命へ

第一次農業革命

では私が考える世界史の八段階を、順を追って概説しよう。

人類が地球上に現れてから約七〇〇万年たつが、そのほとんどは石器と共に移動生活をしていた時代である。我々の直接の祖先である現生人類（現代型ホモ＝サピエンス）の歴史はおよそ二〇万年くらいであり、ようやく一万一〇〇〇年くらい前に農業が発明されてから歴史時代に入ったのである。人類史を一年に喩えれば、定住農耕生活が始まるのは大晦日のお昼頃になってからである。

人類が農業を発明・獲得する以前の長大な旧石器時代、この地球上の人口の理論的上限は二〇〇〇万人、実際にはおそらく五〇〇万～一〇〇〇万人であったろうと言われている。ところが気候変動をはじめとする自然環境の変化による食料危機という悪条件がバネになって、人類が西アジアのどこかで食料を栽培するというアイデア、すなわち農業を発明して以来、地球の人口は農業に適した地域に集中しつつ増加していく。これを「**①農業革命**（第一次農業革命）」という。

もちろん革命といってもそれは現在の我々が思うような急激なものではないことに留意されたい。近代の産業革命でさえ五十年とか百年かかったと言われ、旧石器時代においては、石器の形態変化をはじめ火・弓矢の使用や衣服着用の開始などといった変化は十万年から百万年の単位で起こったと言われるのであるから、その中間の農業革命は数千年くらいかかったとおおまかに捉えていただきたい。例えば日本では縄文時代早期にクリの栽培があったとしても、まだ社会構造に変化をもたらすほど大規模なものではなく、やはり縄文時代末期〜弥生時代の稲作の伝播・普及をもって日本の農業革命とすべきであるから、どんなに早くても西アジアの農業革命から八千年くらいは遅れるのである。逆に日本は、世界屈指の豊かさを持つ海の幸と山の幸の狩猟採集（漁労を含む）だけで生活していけたため、農業を必要としなかったとも言えるのである。農業なしでも定住生活を営めたことによって、現時点では世界最古の土器が縄文時代早期に出現したのである。

近年の気候変動と人類史を結びつける研究によれば、農業が発明されたのは、約一万三〇〇〇年前頃に最後の氷河期が終わって気候が温暖・湿潤化し、動植物の狩猟採集が容易になって人口が増大した後、ヤンガードリアス期という「寒のもどり」が襲来したことに起因するという。つまり、まず最初の温暖化により、狩猟の対象となった大型草食動物が乱獲などによって減少した後、「寒のもどり」によって森や草原の木の実や野生穀物類・根菜類が激減し、食料危機に陥ったため、食料を栽培するというアイデアが発明されたという。「必要は発明の母」とはよく言ったもので、コンピュータ以上の人類最大の発明である農業は、このように始まったのである。

世界で農業が発明された場所としては西アジアの「肥沃《ひよく》な三日月地帯」、もしくはその周辺とする一元論と並んで、あちこちで発生したとする多元論もある。いずれにせよ、最初が西アジアの森と草原の接壌地帯で、水の便のよい山林に近いところであって、決して大平原からではなかったことは確かなようである〔安田一九九五ａ〕。西アジアには農耕に適する植物の野生種が一五〇種以上もあったために草原で試行錯誤が重ねられ、結果的に大麦・小麦・ライ麦などの麦類と、エンドウ豆・レンズ豆・ソラ豆・ヒヨコ豆などの豆類が選択された。それらはいずれも背丈の低い一〜二年草で、しかも種子が大きくて栽培に適していたのである。かつては農耕が始まってから定住するようになったと考えられてきたが、現在は定住してから農耕生活が始まったとみる考えの方が一般的である。

また、家畜を飼う牧畜の起源についても以前はさまざまな説があったが、今では西アジアで人々が定住して農耕生活をするようになって初めて可能になったと考えられている。当然ながら小型で扱いやすいか、大型でもおとなしい動物が対象となり、まず羊・ヤギが、次いで豚・牛などが選ばれた。これらの原種も西アジアに生息していたのである。

特に現在まで家畜として飼育されてきた羊はすべて、その祖先が西アジア原産のアジアムフロンだけであることがＤＮＡ分析による研究で確認されたそうで、その家畜化の時期は紀元前八千年紀、そして羊毛がとれる羊が突然変異で出現したのは紀元前四〇〇〇〜前三五〇〇年頃と想定されている。一方、大型で気性の激しい馬やラクダが家畜化されるのは羊・ヤギ・豚・牛よりはるかに遅れるのであり、しかも馬と双瘤《ふたこぶ》ラクダの家畜化は西アジアではなく原産地の中央ユーラシアである。

農耕・牧畜の発祥地から四方への伝播を含むいくつかの段階を経て（かなりの時間差を持ちながらも）、ついには密林でない大河の流域、すなわち乾燥地帯の大河流域の肥沃な沖積平野に人口爆発が起こり、都市国家文明が発生する。これは具体的には北緯二〇～三五度の中緯度高圧帯による乾燥地帯に位置する西アジアのティグリス・ユーフラテス河流域、エジプトのナイル河流域、西北インドのインダス河流域における大規模な灌漑《かんがい》による穀物、とくに麦類と豆類の大量生産によって引き起こされたもので、この段階を「②**四大文明の登場**（第二次農業革命）」とする。

大文明の基本である大量の人口を養うに足る豊富な穀物を生産できたのは、鉄器がない時代でも大がかりな開拓なしで広大な耕地が容易に得られ、水が得やすく、さらに作物の発育に十分な日光照射量と気温の上昇がみられる地域だけで、それは旧大陸すなわちアフリカ北部を含むユーラシア大陸で、かつ大河の流域以外にはなかった。逆に言えば、アフリカの赤道直下のコンゴ河流域やインドのガンジス河流域、南米のアマゾン河流域は水があって温かくても、雨が多くジャングルになっていたから駄目だった。鉄器無しでジャングルは切り開けなかったからである。

ただ、中国の黄河～長江（揚子江）流域は、上記の三地域ほどの乾燥地帯ではなく、広大な耕地が得やすかったわけではないが、おそらく粟・キビ類のほかに生産性が非常に高い稲米があったことによって、先行の三地域とほぼ同時期に、あるいはやや遅れて、同じような都市国家文明を成立させることができたのである。

なお、つい最近まで中国の古代文明といえば「黄河文明」と言われたのに対し、今は稲作によって発展した長江文明を先行させて持ち上げる風潮が強くなっている。しかし、長江文明には文字がないから、私は長江文明を独立のものとは認めず、黄河文明とひとまとめにして「中国古代文明」としている。そこで、メソポタミア文明、エジプト文明、インダス文明とこの中国古代文明を合わせて世界の「四大文明」と呼ぶのである（図4）。

近年は、農業の発明と自然環境の関わりに着目した研究も進んでおり、そうした一人、環境考古学者の安田喜憲《よしのり》は、西アジアで農業が生まれたのも、長江流域で稲作農耕が生まれたのも、黄河流域で畑作農耕が生まれたのも、すべて森林と草原という異なる生態系のはざまであったと強調している。

現在の歴史学界では、上記の四つのほかにもたくさんの古代文明があるのだから、この四つだけを取り上げるのはおかしいという文化相対主義のもと、「四大文明」という術語が消えかかっている。実は欧米には「四大文明」という術語は存在せず、特に日本で親しまれている術語なので、正しくは「いわゆる四大文明」とすべきかとも思うが、高校教育から世界史必修が外され、古代史の重要性が忘れられようとしている今こそ、西洋中心史観に対抗するためにも、あえて「四大文明」の意義を強調したい。

この四大文明に共通する特徴は、(1)都市（ポリス）国家であり、(2)文字を発明し、(3)祭政一致の神権政治を行なったことである。それと同時に、(4)大河の流域における定住穀物農業の発展、並びに牧畜と有畜農業による人口爆発、(5)大量の穀物余剰による非生産人口（王族・神官・官僚・職業軍人・商人など）の増大が見られ、(6)金属器（多くは青銅器）が使用されたことである。これらの条件がすべて揃っていることが肝要であり、どれ一つが欠けていても、四大文明と同列に扱うことは出来ない。

なお近代ヨーロッパにおいては、クレタ文明やミケーネ文明からギリシア・ローマの古典古代にい

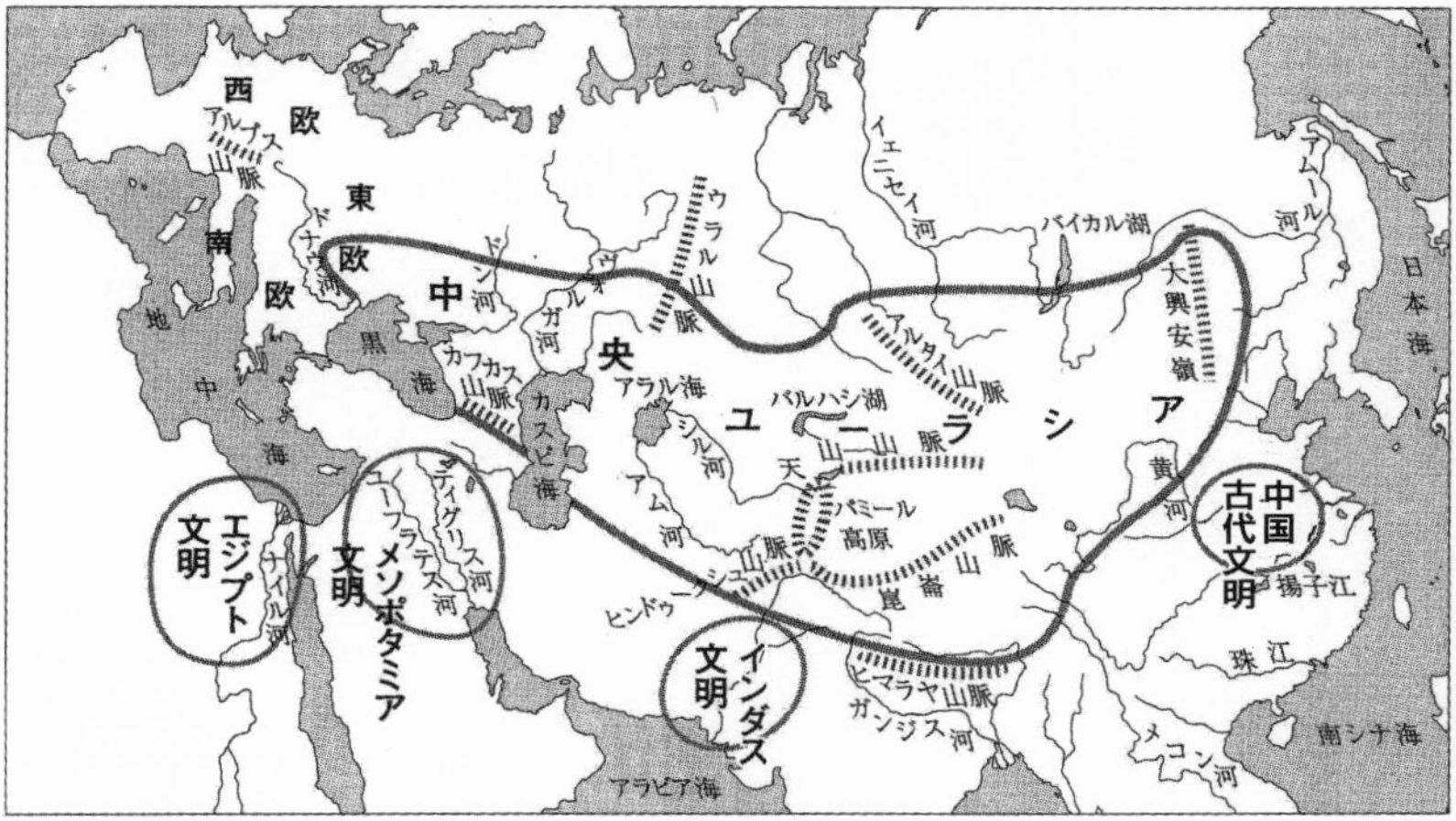

図4　中央ユーラシアと四大文明の位置関係

たる「地中海文明」をきわめて重要な古代文明とみなし、自らの源流とする傾向が強かったが、近年では、地中海文明はメソポタミア文明とエジプト文明の双方から影響を受けて派生した文明であり、しかも西欧文明の直接の源流とはいえない、とする研究者が現れており、私もその見解に賛同する。

鉄器革命

二度の農業革命の次に人類史を大きく動かしたのは、西アジアにおける鉄の発明だったので、それを①②に続く「③鉄器革命」とする。

天空から降ってくる隕鉄《いんてつ》ではなく、人工的に生産された鉄は、従来は紀元前二千年紀前半に小アジア(アナトリア)のヒッタイトに先行するある民族によって発明され、その後ヒッタイト王国が製鉄技術をトップシークレットとして独占したと考えられてきた。最新の研究ではその定説も揺らぎつつあるが、いずれにせよ紀元前一二〇〇年頃に正体不明の「海の民」の侵入によりヒッタイトが滅亡すると、西アジア全体が鉄器時代に入り、最高の武器を作る製鉄技術はそこからユーラシア各地に拡散・伝播していった。

最近の研究によれば、中央ユーラシアの草原地帯でも紀元前五世紀までには本格的に鉄製品が使用されるようになったという。そしてユーラシアの大農耕文明圏ではほぼ同じ頃までに、鉄器は武器や工具だけでなく平和的な農機具として全域に普及し、農業生産力を格段に増大させた。すなわち天水利用の乾地農法によって地中海周辺・黒海周辺・イラン・中央アジア・北中国などで農業可能地域が一挙に増大したばかりでなく、農業先進地域においても農業の飛躍的発展がみられたのである。この事象を私は第三次農業革命と捉えるのである。

これによって旧四大文明時代の小さな領域を持つだけの都市国家に替わって、広大な領域を持つ大帝国が出現してくるようになる。その典型がまず最初に現れたのが西アジアにおけるアッシリア・アケメネス朝ペルシア・パルティアなどであり、次いで地中海地方ではマケドニア（アレクサンドロス帝国）・ローマ（共和制→帝政）、インドではマウリヤ朝・クシャーナ朝、そして中国では戦国の七雄を統一した秦漢帝国という四地域の大領域国家である。

上述の通り、私の「世界史の八段階」のそれぞれの年代は、世界中で最初にそのような現象が現れた時期を指すのであり、鉄器革命が旧大陸で完成に近づくにはおよそ千五百年ほどかかったわけで、実質的にユーラシア世界が鉄器時代に入るのは紀元前一千年紀からである。それゆえ、私の世界史の八段階の三番目を単に「鉄器革命」とせず、「**③鉄器革命（遅れて第三次農業革命）**」としたのであるが、鉄器を駆使した四大領域国家（帝国）が出現するまでには、もう一つ別の革命が必要であった。

それが中央ユーラシアにおける馬の家畜化（紀元前四千年紀）に由来する馬車戦車（チャリオット）の登場（紀元前二千年紀）と、それに続く騎馬遊牧民による騎馬軍団の登場（紀元前一千年紀）である。いかに農業生産力も購買力も高い大農耕文明圏であっても、近代以前においては、最強の軍事力と最速の情報伝達力の基盤となる馬の存在なくして大帝国は築けなかったのである。

3　戦争・交流・グローバル化の時代——騎馬遊牧民の登場から現代まで

騎馬遊牧民の登場

ユーラシア大陸の真ん中に位置し、広大な草原と沙漠、そしてその間に点在するオアシスから成る中央ユーラシアも、①〜③までの人類史の流れに遅まきながらついていくことになる。全体としては大乾燥地帯である中央ユーラシアだが、その中でも比較的水の得やすいオアシスや大山脈山中の河谷を中心に農業や牧畜が伝播していく。その時期は紀元前六〜五千年紀とみなせるようである。それ以前の中央ユーラシアは狩猟採集民だけの世界で、人口密度は極めて低かったはずである。

ただそこに農業や牧畜が伝わったとはいえ、その自然環境からいって当然のことながら居住可能空間には限界がある。可耕地が最も得やすい中央アジアのソグディアナ・バクトリア・フェルガーナそしてタリム盆地周縁部でさえ、紀元前一千年紀の後半になって多くの都市国家が成立するものの、それが広い領土に多民族をかかえる領域国家にまで発展することはなかった。

図5　モンゴル草原の馬群。1994年、著者撮影

ところが面白いことには、オアシスよりはるかに水の便が悪く、そのままでは人間の居住に適さなかった広大な草原・半草原地帯に騎馬遊牧民が出現し、ついには南の都市を擁する農耕文明地帯に大きな脅威を及ぼす強力な遊牧国家を創り出すことになる。次にその過程を振り返ってみる。

世界中のあちこちに野生の馬は存在したが、馬が家畜化されたのは唯一中央ユーラシアだけであった。中央ユーラシア原産の馬が家畜化されたのは、西アジアで車輌が発明され普及するのと並行する紀元前三五〇〇年頃だとされるが、当初は食肉としての利用だけで、かなり時間がたってからようやく乳も利用できるようになった。次いで中央ユーラシアにも牛と車輌が合体した牛車が出現する。牛は牽引力が強く、三枚の板を組み合わせて作った重い板車輪《いたしやりん》でも大丈夫だったのである。この牛車は農牧複合経済の発展におおいに役立ったであろう。

そして紀元前二〇〇〇年頃にスポークが発明され、車輪の軽量化と大型化が実現すると、馬に二輪の車輌をひかせる馬車戦車が中央ユーラシア、もしくはそこと西アジアの隣接地帯に登場する。こうして、紀元前二千年紀には馬と戦車と青銅器に代表される文化が旧四大文明地域を席巻したことは次章で再述するが、中央ユーラシア内部で馬車戦車がどれほど有効であったかはまだ不明である。ちなみに紀元前二〇〇〇年頃には、モンゴルないしその周辺で双瘤ラクダが家畜化されている。

中央ユーラシア自体にとって極めて大きな意義を有したのは次の段階、すなわち人間が直接馬に乗って自由自在に動き回れる騎馬技術の完成である。中央ユーラシアで日々馬とつきあってきた人々が、紀元前一〇〇〇年前後になってようやく銜《はみ》・轡《くつわ》・鞍などの馬具のセットを揃えたことにより、ついに誰もが馬を自由に乗りこなす純粋な騎馬遊牧民の集団が出現した。それが私の時代区分の「**④騎馬遊牧民集団の登場　約三〇〇〇年前より**」である。

繰り返しになるが、紀元前一千年紀に入ると直ぐに鉄の武器が普及したわけではなく、最初はまだ武器も青銅器が主体であった。とはいえ、大きな潮流を捉えるならば、紀元前二千年紀は馬車戦車と青銅器の時代であるのに対して、紀元前一千年紀は騎馬と鉄器の時代ということができるのである。

遊牧国家から中央ユーラシア型国家へ

紀元前一千年紀以後、火薬革命（銃火器の実用化）によってヨーロッパ諸勢力が世界を支配するにいたる近代までの二千年以上もの間、まさに騎馬遊牧民勢力が世界史を動かす大きな原動力となる。その最初の典型が西のスキタイと東の匈奴であった。つい最近まで、高校世界史の教科書や副読本では、騎馬遊牧文化の代名詞として「スキタイ文化」という術語が使われ、スキタイ文化の三要素として(1)動物文様、(2)馬具（特に銜《はみ》）、(3)武器（三翼鏃《さんよくぞく》とアキナケス剣）が注目されてきた。そして、あたかもスキタイ文化が中央ユーラシアの西部すなわちヨーロッパ側から東方に伝播して匈奴文化になったと見なされていた。

しかるに最近の研究では、騎馬遊牧文化の源流はむしろ中央ユーラシアの東部にあり、それが西方に拡大・伝播していったという学説が優勢になりつつある。一九世紀に近代歴史学や考古学が発展したのはヨーロッパであるから、そちらに近い方から発掘が盛んに行なわれて、スキタイの研究が匈奴など東方の騎馬遊牧民の研究に先行し、起源も古いと位置づけられたのはいわば当然であった。しかし、今やそうではないことが、旧ソ連のテレノシュキン（ウクライナ）やグリャズノフ、および日本の高濱秀・林俊雄らによる発掘や研究によって証明されたのである［林二〇〇七・二〇一〇、草原考古二〇一九］。

西方史料でスキタイの活躍が生き生きと報告される最初は、紀元前五世紀のヘロドトスの『歴史』においてである。しかし、当時のスキタイを「国家」とまで呼べるかどうかについては、否定的見解の方が強いようである。それに対して、紀元前二〜前一世紀に活躍した司馬遷が書いた『史記』の匈奴伝によれば、匈奴が「国家」の段階に到達していたことは明らかである。それゆえ、学界では匈奴こそが史上最初の「遊牧国家」であり、その後一千五百年以上にわたって中央ユーラシアに興亡する遊牧国家・遊牧帝国の源流であると評価されている。

遊牧国家とは、普段は部族・氏族・家族など大小の集団で遊牧生活を送り、戦時には特定の指導者に率いられて成人男子のほとんどが騎馬戦士となる遊牧民主体の国家である（本書一七頁参照）。とはいえ実際は、定住地域の農民・職人・商人を間接支配したり、必要に応じて内部にかかえ込んだりした複合的国家であった。最初期の遊牧国家のひとつである匈奴が南方で対峙したのが、中国の秦漢帝国と西域（タリム盆地）のオアシス都市国家であった。

そして東で秦漢帝国を脅かし続けた匈奴が一～二世紀に分裂を繰り返して衰退し、その一部は西方へ移動した。そして移動の途中で雪ダルマ式に他の遊牧民族を糾合して勢力を回復し、ついに四世紀にフン族として中央ユーラシアの西に現れ、そこにいた印欧系の半農半牧民であるゲルマン諸族に圧迫を加えた結果、東ゴート・西ゴート・ヴァンダル・ブルグンド・フランクなどゲルマン人の大移動が起こり、四七六年、西ローマ帝国が滅亡するのである。ゲルマン人は騎馬遊牧民ではないが、牧畜を主としており、また西ローマ帝国を滅ぼしたゲルマン人は騎馬戦術を用いたといわれる。

かつてはフン＝匈奴同族論に異論もあったが、雪ダルマ式に増大したフン族が多民族から構成されていた点を認めれば、その中核が匈奴であったことはもはや疑う必要はない。それは、文献学的には四世紀のソグド語古代書簡で匈奴をフンと呼んでいる事実、そして考古学的には上記の高濱・林らによる「鍑《ふく》」という金属製容器の研究によりほぼ論証されている［草原考古二〇一一・二〇一九］。

匈奴が漢帝国に敗れてその一部が西方移動を開始した後、東方では、東に残った匈奴を始めとする五胡《ごこ》（匈奴・鮮卑《せんぴ》・氐《てい》・羌《きょう》・羯《けつ》）が、魏《ぎ》・呉《ご》・蜀《しょく》三国の闘争で疲弊し人口も激減した中国本土に入り込んでいった。その上に三国を統一した西晋《せいしん》が八王《はちおう》の乱（二九〇～三〇六年）という内乱で五胡の武力を利用した結果、五胡の民族移動はさらに活発となった。そしてついに西晋は永嘉《えいか》の乱（三一一～三一六年）で匈奴に滅ぼされた。これ以後、五胡は五胡十六国時代という動乱の時代の主役となり、最終的には五胡の一つである鮮卑族の拓跋《たくばつ》氏が四世紀末に北魏を建国し、四三九年に北中国を統一する。西晋の滅亡によって漢人が南へ移動し東晋を建国したことも含め、このユーラシア東部に起こった民族移動の規模は、ほぼ同時代にユーラシア西部で起こったゲルマン人の移動に匹敵するのである。

以後、中国史の重大画期には常に騎馬遊牧民勢力が影響力を行使する。例えば唐建国を支援した突《とっ》厥《くつ》、安史《あんし》の乱で唐を瀕死の状況から救ったウイグルがおり、一〇世紀以降はトルコ系の沙陀《さだ》突厥の後晋・後唐・後漢・後周、契丹《きったん》（モンゴル系）の遼《りょう》、タングート（チベット系）の西夏《せいか》、女真《じょしん》（ツングース系）の金朝が登場し、北中国を支配するのである。もっと後のことになるが、全中国を支配した元朝と清朝がそれぞれモンゴル族と満洲族（ツングース系）の創建になることは言うまでもない。

他方、ヨーロッパにはフン以後もアヴァール・ブルガール・ハザール・マジャール・ペチェネーグ・キプチャクなどアジアの遊牧民族が次々と侵入する。そしてラテン系・ゲルマン系・スラブ系の印欧語族《いんおうごぞく》などと混じり合って、主に東欧～中欧の新しい民族形成に寄与する。

一方、中国と東欧の中間にある中央アジアから西アジアにかけては、とくに突厥・ウイグル・カルルク・オグズ・セルジューク＝トルコなどトルコ系遊牧民族の活動が顕著となり、六～一一世紀に突厥第一帝国・突厥第二帝国・東ウイグル帝国・ハザール王国・西ウイグル王国・カラハン朝・ガズナ朝・セルジューク朝などが建てられる。

私は九世紀の後期や一一世紀の前期を含む「長い一〇世紀」を、中央ユーラシア型国家の成立した時代と位置づけ、ユーラシア世界史の一大転換期とみなし、「⑤中央ユーラシア型国家優勢時代」を設定している。

中央ユーラシア型国家の登場

「中央ユーラシア型国家」とは、遊牧王族と腹心親衛集団を頂点とするピラミッド型支配機構、中央・左右翼分統体制、十進法的軍民組織などを特徴とする遊牧国家の発展形であり、人口の少ない「北方」の遊牧民勢力が中核となり、騎馬軍団による軍事力とシルクロードによる経済力に加えて文書行政などのノウハウを取り込み、従来からの本拠地である草原に足場を残しながら、「南方」にいる大人口の農耕民・都市民を安定的に支配するシステムを構築したものである。それゆえ必然的に、異民族・異宗教にも寛容で、可能な限りそうした勢力を活用する多民族・多宗教・多言語の複合的国家となる。

それらは、紀元前一〇世紀頃に中央ユーラシアに登場した騎馬遊牧民が、約二〇〇〇年間、豊かな農耕・定住地帯への略奪・征服活動、あるいはその定住民との貢納《こうのう》・交易関係の構築に成功と失敗を繰り返してきた経験を踏まえ、ようやく作り上げた国家である。これを二重統治帝国とする見解もある。東から順に見ていくと、契丹族の遼帝国、トルコ系沙陀諸王朝（五代のうち後唐・後晋・後漢・後周の四王朝）、タングート族の西夏王国、そして以下はすべてトルコ系の甘州《かんしゅう》ウイグル王国、西ウイグル王国、カラハン朝、ガズナ朝、セルジューク朝、ハザール王国など同じ様なタイプの国家が、一〇世紀前後の中央ユーラシアの東西に数珠つなぎ状に並び立ったのである。

一二世紀にも中央ユーラシア型国家の系列に連なるものとして、東から西へ順に金朝、西夏、西ウイグル王国、西遼（カラキタイ）、カラハン朝、ホラズム朝、ルーム＝セルジューク朝が立ち並ぶ。そしてその中央ユーラシア型国家の完成体が一三世紀に登場したモンゴル帝国である。

一三世紀初頭、チンギス汗に率いられたモンゴル民族が台頭し、ユーラシア全域にまたがる史上最大の陸上帝国を建設し、ここから一体感のある真の世界史が始まる。つまり歴史世界の「場」が、それまでの各「地域」・「文明圏」を越えて、初めてユーラシア世界全体へと拡大したのである。整備された駅伝網によってさらに発展した陸のシルクロードが海のシルクロードとも繋がって、ヒト・モノ・文化の交流は空前の盛況を呈した。その時までイスラム勢力に妨害されてアジアとの接触を断たれていたヨーロッパ人が、当時世界一の豊かさを誇った極東の情報を手にするのもこの時代である。モンゴル帝国の世界史的意義については、岡田英弘・杉山正明の論著に詳しい。

この時代にアジアを旅したマルコ゠ポーロには、ヨーロッパがアジアより勝っているなどという思い込みや自惚《うぬぼ》れなど微塵もなかったことが、『東方見聞録』を一読すればよく分かる。その「黄金の国ジパング」の記述は、その後の西欧人に「豊かなアジア」への憧憬の念を抱かせ、海外進出のきっかけを与えたことは周知の通りであるが、今やモンゴルによるユーラシア支配こそがイタリアのルネサンス運動を惹起したと言うことさえできるのである。ルネサンスを象徴する絵画がモンゴル時代の東西交流の中から生まれてきたことや、神への隷属からの解放を可能にした人間中心の人文主義がアジア、とくに当時の世界最先進地域であった中国からの影響を受けていることを看過してはならない。

モンゴルを頭にいただく世界統治は約百年で潰《つい》えるものの、続いて中央アジアにはティムール帝国が、西アジアにはオスマン帝国が君臨する。一四五三年、東ローマ帝国は首都コンスタンティノープルをオスマン帝国に占領され、滅亡する。西洋史学界ではこれをもって中世の終わりとし、以後を近代とするが、西洋キリスト教圏の盟主として残された神聖ローマ帝国がオスマン帝国によるウィーン包囲という一大危機をしのぎきり、ハンガリー全土を奪取するのがようやく一七世紀も末のことであったという事実を忘れてはならない。

今やモンゴル継承国家という概念で括ることができるのが、西アジア～北アフリカ～東欧のオスマン帝国、ユーラシア西北部のロシア帝国、イランのサファヴィー朝、インドのムガール帝国、そして東アジアから中央ユーラシア東部にまたがる大清帝国である。

私の教え子で満洲清朝史に新生面を開いている杉山清彦によれば、次のようなまとめ方をしている。チンギス家にみられる王統の至尊化、出自と実績双方に目配りした人事運用、定住社会を含む多様な地域・集団からの人材リクルート、文書行政における多言語運用のしくみ、広域を迅速に結ぶ駅伝網、職能や信仰に基づく集団把握と自治委任など、モンゴル帝国のもとで大成された広域・多民族支配のノウハウは、その解体後も、ティムール朝・サファヴィー朝・ムガール朝・清朝など後継諸帝国に引き継がれた［杉山二〇一六］。

西欧列強の世界制覇

西欧が世界史の檜舞台《ひのき》に登場してくるのは、近代になって、羅針盤を備え、鉄砲・大砲そして場合によって馬までも積み込んだ外洋航海船で大西洋からインド洋・太平洋に乗り出し、豊かな富を獲得するようになって以後のことである。

その先駆けとなるシチリア王国の繁栄、およびそれに続くヴェネツィア・ジェノヴァ・ピサ・フィレンツェに代表されるイタリア諸都市国家のルネサンス時代の繁栄は、あくまで地中海を通じた東方貿易（レヴァント貿易）による富に支えられていた。それはモンゴル帝国時代から盛んになるのである。

モンゴルの支配が崩壊した後は、イタリアと香辛料や高級織物の産地であるペルシア以東のアジア世界との間には、マムルーク朝やオスマン朝というトルコ人主導のイスラム勢力が介在して、直接の貿易を妨げた。西洋人がそれを避けて物産豊かなアジアと直接交渉しようと努力した結果、アフリカ南端回りの喜望峰ルートと新大陸が「発見」され、いわゆる大航海時代となるのである。

外洋航海船と鉄砲・大砲という新しい軍事力でもって、アメリカ大陸とオーストラリア大陸を先住民から乗っ取り、アフリカ・アジアを支配して各地に植民地を作ったのはスペイン・ポルトガル・オランダ・イギリス・フランス・ドイツなど大西洋に繋がる海岸を持つヨーロッパ諸国であった。この段階を、「**⑥火薬革命と海路によるグローバル化**」とする。一方、ロシアはやはり鉄砲・大砲を主体とする軍事力で、アジアの内陸部を東へ向かって侵略していき、最後の遊牧国家となったジュンガルを滅ぼし、清朝と国境を接するようになった。

こうして西洋諸国は、新しい領土や植民地から農産物や地下資源などいろいろなものを収奪することによって豊かになり、自国の文化と学術を発展させていったのである。ヨーロッパが新大陸から大量の金銀を収奪したことは周知の通りであるが、新大陸から伝えられたジャガイモ・トウモロコシ・サツマイモ・カボチャ・トマト・トウガラシ・ラッカセイ・インゲンマメなどの栽培植物の恩恵を最大限こうむったのも、それまでのユーラシアでは比較的貧弱な植物相しかもたなかった西欧なのである。かくして西欧の人口は増加し、軍事的にも経済的にも次第にアジアを凌駕していき、産業革命によって世界の中心ははっきりと西欧に移ったのである。この段階が、「**⑦産業革命と鉄道・蒸気船**

（外燃機関）の登場」である。

とはいえ、そのイギリスの産業革命はアジア産綿布の代替商品製造から発展したことが、ウォーラーステインの世界システム論を日本に紹介したことで有名な川北稔《かわきたみのる》の研究で明らかにされている［川北二〇〇八］。つまりインドからイギリスに輸入された綿織物（キャラコ）が従来の毛織物に比べて圧倒的に肌触りよく、染織も洗濯も容易にできるため爆発的需要が生まれた結果、インドをはじめとするアジアからの輸入ではとても追いつかなかったため、どうしても国内で製造しようというプッシュ要因となった。それが紡績機と織機に革命を促し、ついには蒸気機関の実用化による交通革命にいたったのである。

ヨーロッパは鉄砲・大砲という武器によって世界最強の軍事力を獲得し、それによって、長い間ユーラシア世界を支配してきた陸軍力、すなわち馬に乗って弓を射る騎馬軍団中心の軍事力を打倒し、さらに馬力に替わる動力となる蒸気機関の発明によって、最終的に世界の覇者にのしあがった。そしてアフリカ・アジア・アメリカに広大な植民地支配を行なったことにより、ヨーロッパは初めてアジアより豊かになり、政治・経済も科学技術も芸術・文化も進んだのである。

ヨーロッパの中でもオランダ・フランス・イギリス・ドイツに代表される西欧というのは、ユーラシア大陸の東の辺境に位置する朝鮮・日本の対極にある西の辺境である。つまり乾燥ユーラシアに生起した四大文明圏からみれば「ど田舎」であり、いつもアジア本土から一方的に多大の恩恵を受け、時に強大なプレッシャーを被る受身の立場にあったのである。

日本人がアジアに対して優越感を持つようになるのが明治期以降の武力進出後であるのと同様に、

ヨーロッパ人がアジア人に対して優越感を持つようになるのも、どんなに早くても一八世紀からの武力進出以後にすぎない。モンゴル帝国の継承国家であるオスマン朝・サファヴィー朝・ムガール朝・清朝が並び立っていた一七世紀まで、経済力においても軍事力においてもヨーロッパとくに西欧がアジアを凌駕したことは一度たりともなかったのである。

アジアとヨーロッパの勢力が本当に逆転し始めるのは、オスマン帝国が神聖ローマ帝国を脅かす第二次ウィーン包囲に失敗した一六八三年以後のことである。それでも一八世紀前半までは、海から世界制覇に乗り出した西欧列強が支配できた領土の面積も人口も、ユーラシア大陸のモンゴル継承国家であるオスマン朝・サファヴィー朝・ムガール朝・清朝の支配する領土と人口にはるかに及ばなかった。

一六世紀はスペイン・ポルトガルの時代、一七世紀が覇権国家オランダの時代と言われるのに対し、一九世紀は覇権国家イギリスの時代と言われるようになる。もちろん二〇世紀は米国（もしくは米英連合）とソ連の二極構造の時代であったが、二一世紀はどうなっていくのであろうか。

第二章

騎馬遊牧民の機動力

モンゴルのブグト遺跡で出会った騎馬民。著者撮影

1　馬の家畜化

中央ユーラシア原産の馬

本章では中央ユーラシアを震源地とする世界史の大変革に注目していきたい。その大変革とは「馬の家畜化」と馬車戦車・騎馬技術の登場であり、それと密接に結び付いた印欧語族《いんおうごぞく》（インド＝ヨーロッパ語族）およびアルタイ語族の代表であるトルコ系騎馬遊牧民集団の大移動である。

人類世界史の劈頭《へきとう》を飾る四大文明はいずれも北緯二〇～三五度の暖かい地域に発達したもので、穀物を主とする農業とそれに付随する牧畜に支えられていた。これに対して中央ユーラシアはおよそ北緯三五～五五度に当たり、沙漠における夏の日中は例外として、全体的には比較的冷涼な地域であり、初期の農業には不向きであった。

四大文明の時代には、中央ユーラシアを故郷として後に大発展する印欧語族もトルコ系・モンゴル系・ツングース系のアルタイ語族も、まだ世界史の表舞台に登場していない。彼らは中央ユーラシアの草原や沙漠地域で生産力の低い牧畜と狩猟、ところによっては小規模な農業を組み合わせて細々とした生活をしており、人口密度も低かったのである。

ところが、紀元前三五〇〇年頃、すなわち私の世界史の八段階で②の四大文明の登場と同じ頃、中央ユーラシア草原地帯で、その後の人類史に巨大な影響を与える大変革が生じる。それが中央ユーラシア原産の馬の家畜化である。

あまり意識されていないことだが、羊・ヤギ・牛・豚が最初に家畜化された「肥沃な三日月地帯」をはじめとする四大文明の地には、どこにも野生の馬はいなかった。③鉄器革命および④騎馬遊牧民集団の登場以後の激動のユーラシア世界史において、その主役となる印欧語族・アルタイ語族そして家畜化された馬はいずれも、四大文明の栄えた暖かい地域ではなく、寒い中央ユーラシアが原郷なのである。

最初期には狩猟採集民だけの世界であった中央ユーラシアにも、農業革命以後はまず農耕が伝わり、まもなく羊・ヤギ・牛をはじめとする家畜の飼育も伝わった。しかしそこで彼らがすぐに純粋遊牧民に変貌するわけではない。水の極端に少ない中央ユーラシアの広大な草原・半草原の大部分は、彼らには歯の立たないものであった。しかるに中央ユーラシアにはあちらこちらに原産の馬がいたため、それが以前から狩猟の対象となっていた。そこに羊・ヤギ・牛という家畜を飼育するという技術が伝わったのであるから、彼らの間でいつしか馬を家畜化しようという試みが繰り返されるようになるのは必然である。

そしてついに紀元前三五〇〇年頃、中央ユーラシア原産の馬が家畜化される。その場所はカスピ海周辺～天山山脈北麓～モンゴルに広がる大草原ベルト地帯のどこかであろう。最近もっとも有力視されているのはカザフスタンであるが、おそらくかなりの早さで中央ユーラシア全域に伝播したと思われる。ただし初めは肉をとることだけが目的で、その後かなりの時間を経て乳が利用され始めた。

アメリカの人類学者で考古学・言語学にも通じたアンソニーは、紀元前四千年紀には中央ユーラシア草原の諸部族の多くが馬に乗っていたという［アンソニー二〇一八］。その主張は特異すぎてとても信じられないが、彼が野生馬の家畜化される要因として、羊・ヤギ・牛にはない能力に着目したのは首肯される。冬期にやや多めに雪が積もったり凍結したりすると、羊・ヤギ・牛は草原の枯れ草を食べることはできなくなってしまうが、馬は蹄《ひづめ》で雪をかきわけたり氷を割って草を食べることができるのである。つまり人手がかからないのである。その長所に気付いて、家畜に馬を加えていったことは、中央ユーラシアに生きる人々にとってはいろいろな意味で大きな助けになったはずである。

馬車戦車（チャリオット）

次いで、西アジアから伝わった車輌（牛車）と青銅器の普及、さらに紀元前二〇〇〇年頃のスポークの発明により車輪の軽量化・大型化が実現したことから、青銅製馬具を装着した一対の馬に二輪の車を引かせる馬車戦車が生まれてくる。

従来の通説では、それは西アジアで紀元前二〇〇〇年より後に起きたとされてきたが、一九九二年にウラル山脈の東南部の草原にあるシンタシュタ遺跡群の発掘報告が出版されて以後、スポーク式車輌の発祥は中央ユーラシアの草原地帯西部で紀元前二〇〇〇年より少し前の可能性がでてきたという［荒川二〇一四］。いずれにせよ現状で最古の金属製銜《はみ》が紀元前二千年紀に入る頃にユーラシア草原地帯の中央部・西部から西アジアにかけて出現しており、それは車輌を牽引する馬に装着したと考えられている。

こうして紀元前二千年紀には当時最強の軍事力である馬車戦車を備えた印欧語族が、先進農耕文明地帯の北辺（すなわち中央ユーラシア草原の方）から出現し、新しい軍事技術を教えたり自らが軍事的征服活動を行ない、民族の移動や混淆を引き起こすなど、旧四大文明地域に巨大なインパクトを与えることになる。

その代表的なものが紀元前二千年紀の西アジアで活躍するミタンニ・ヒッタイトおよびイラン高原東部から西北インドのアーリア人であり、次いで紀元前一千年紀になって大発展するギリシア人・ローマ人の先祖となる諸集団である。彼らの間では馬車戦車に乗った戦士たちの地位が高く、尊敬の対象であったことは、ギリシアやインドの神話に出てくる神々、とくに太陽神が馬車戦車に乗っていることに象徴的に現れている。

また中国（殷《いん》）にも紀元前二千年紀後半に馬車戦車が現れるが、それは中央ユーラシアを通って西

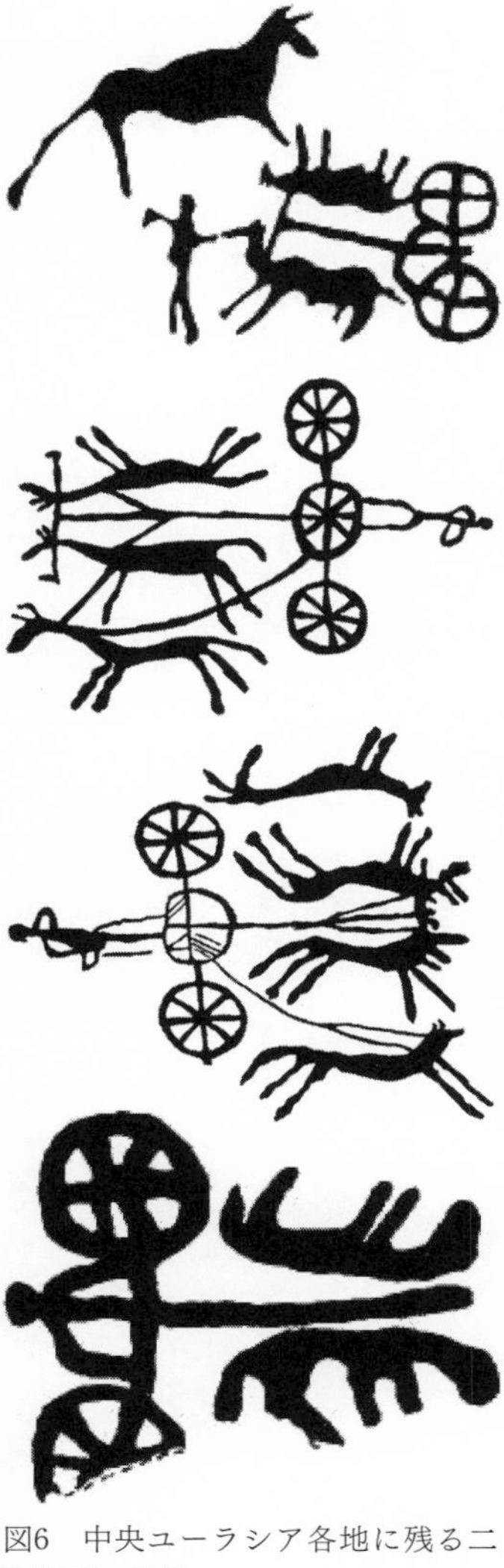

図6　中央ユーラシア各地に残る二輪馬車の岩絵

方から伝播したものであることは、中間の各地に残る岩壁画資料（図6）などから明らかである。

騎馬遊牧民の特性

紀元前一千年紀に入る頃、人が直接馬に乗る騎馬技術が発明され、これまたかなりの速度で中央ユーラシア全域に普及する。そして中央ユーラシア西部ではキンメリアやスキタイやサルマタイが、中部ではサカが、東部では月氏《げつし》や烏孫《うそん》や匈奴《きょうど》や東胡《とうこ》など印欧語族とアルタイ語族の騎馬遊牧民が歴史の檜舞台に登場してくる。なお、私も含め従来よく用いられた「遊牧騎馬民族」という術語は、近代的な概念である「民族」と紛らわしいことから、最近は「騎馬遊牧民」と言うようになっている。

中央ユーラシアの原始的牧畜民（農業も狩猟もする）が騎馬遊牧民となってから後には、彼らは基本的に羊・ヤギ・牛・馬・ラクダの五畜をまとめて扱うようになる。かつて日本の騎馬民族征服王朝説を唱えて戦後の読書界を活気づけた江上波夫《えがみなみお》が、これらの家畜を「生きた魔法の缶詰め」と呼び、人間の食用に堪えられない貧相な草から乳や肉を作り出す「化学変化機」と表現したのは、まさに卓見であった。

乳は極めて栄養価が高く、バター・チーズ・ヨーグルト等の乳製品や酒の原料となり、肉は食料、毛皮は衣服・敷物・ロープの材料やさらに皮袋という容器になり、毛は毛織物やフェルトに加工されてテント・絨毯《じゅうたん》・衣服となる。つまり衣食住の一切をまかなえるのである。そればかりか糞《ふん》さえも植物繊維の塊《かたまり》であるから乾かせば貴重な燃料となり、また牛・馬・ラクダや地域によってはヤク・ロバなどの大型家畜は移動や運搬の手段にもなる。ただ単位面積あたりの人口扶養力は、集約的な穀物農耕地とは比べものにならず、小人数が生きていくにもそれ相当の家畜の数と、その家畜が十分に草をはむための広い土地を必要とする。

水の少ない広大な土地を移動し、小人数で多数の家畜群を管理していくことは、騎馬遊牧民になって初めて可能となったのである。乗用馬なしではどうしようもなかったわけで、騎馬というアイデアが、家畜を育て養うことを主たる生業とする新しい集団を作り出した。そしてこの新しい騎馬遊牧民の出現によって、中央ユーラシアの広大な草原地帯全域がようやく人類の居住可能空間へと変貌したのである。中央ユーラシア草原地帯で騎馬技術が急速に進化したのは紀元前一〇～前九世紀頃であり、騎馬遊牧民の登場によりスピーディーな軽装騎馬軍団が生まれてくる。

しかし、このような騎馬遊牧民が中央ユーラシアの各地に発生し、家畜や人口が増加してくると、今度はより大きな牧草地や酷寒の冬を過ごすための風をよけられる良好な冬営地《とうえいち》をめぐっての争いも頻繁になってくる。人口増加は文明発展の基礎であると同時に、戦争の要因でもある。騎馬遊牧民は中央ユーラシアの厳しい自然環境のなか、小人数で多数の家畜を相手にし、時には狼などとも戦いつつ生きているわけで、期せずして強靱な肉体と精神力、迅速な判断力が身についてくる。つまり騎馬遊牧民にはいわば必然的に高い戦闘能力・機動力が備わるのである。

このような卓越した機動力を持つ騎馬遊牧民集団どうしの闘争の中から、大きな勢力が頭角を現した時、史上初の遊牧国家の登場となり、そして彼等がその脅威的な軍事力の鋒先を南方の農耕文明地帯に向けた時、人類の歴史は新しい段階に入るのである。

第一章・2で、西アジアのアッシリア・アケメネス朝ペルシア・パルティア、地中海地方のマケドニア・ローマ、インドのマウリヤ朝・クシャーナ朝、そして中国の秦漢帝国という大領域国家が生まれてくる背景として、紀元前一千年紀のユーラシアにおける鉄器（武器・工具および農機具）の普及を挙げたが、それに劣らず強調すべきは、騎馬技術の普及ないし騎馬軍団の導入である。それなくしては、南方の大農耕文明圏においても大領域国家の成立は決して見られなかったであろう。

馬車戦車と騎馬の違い

複数の人間が馬車に乗り、一人が御者になりもう一人が弓矢で射撃する戦車は、農耕・都市民にとっても比較的習熟しやすかったであろう。しかしまだ馬上で身体を安定させる鐙《あぶみ》のなかった紀元前一千年紀において（鐙の発明は紀元後の三世紀後半の中国本土にて）、単独で馬に乗って騎射する技術は、農耕・都市民にとってはきわめて難しく、幼少時から馬に乗る訓練をしている騎馬遊牧民にはとうてい及ばなかった。現代人には誤解されやすいことだが、馬車を製造して馬に引かせることよりも、直接、馬にまたがって制御することの方が、後で発明された「高度な技術」なのである。

家畜が「生きた魔法の缶詰め」であることは紀元前二千年紀の馬車戦車の時代、さらにはもっと古い板車輪の牛車だけの時代からそうであったに違いないが、牛車や馬車ではまだ本当の「遊牧」はできなかった。家畜を一定の居住地から離れた場所に移動させて放牧する「移牧」と、冬営地を拠点に春夏秋にはいくつかの拠点を移動しながら放牧を続ける「遊牧」とは根本的な違いがある。「移牧」なら牛車か馬車で十分可能だったであろうが、飲料水が乏しく、貧相な草しか生えない乾燥地帯の奥深くへ長期に家畜を伴って進出できるようになるには、搾乳技術と乳を加工して保存可能な乳製品を作る技術だけでなく、高速の移動手段である騎馬がなければ成立しない。つまり「遊牧」は高度に発達した牧畜の一形態なのである。

馬車や牛車は基本的に平地でしか使えないが、騎馬ならば、河川や湖沼で分断される草原が平野部にだけでなく山中にもあり、半沙漠もあれば険しい高山もあるという実に起伏に富んだ中央ユーラシアの大地を、自由自在に動きまわれる。つまり騎馬こそが遊牧生活の基本であり、馬車などよりはるかに優れていることを強調したい。一人の人間が徒歩で放牧できる羊は一〇〇～一五〇匹であるが、騎馬であればその五倍以上、十倍近くまで制御できるという。馬車ではとてもそうはいかないどころか、勾配のきつい土地や小川などが多ければ小回りがきかず、徒歩にさえ劣るであろう。

さらに軍事力としても、馬車戦車の軍団と騎馬軍団では機動力に雲泥の差があるのであり、それゆえに騎兵隊が近現代にまで使われ続けたのである。馬車戦車では、中央ユーラシアの広大な草原地帯を「遊牧」という新技術で人類の居住可能空間へと変えて、そこに強力な遊牧国家を出現させることはできなかったのである。また中国でも馬車は殷代から盛んに導入されるが、騎馬習俗が普及するまでに千年近くかかったのである。

ところでアンソニーら一部の学者は、中央ユーラシアで出土した大量の馬の骨を調査し、歯のすり減り具合を手綱の元になる銜《はみ》が装着された痕跡とみなし、馬車の登場よりはるかに早く紀元前四千年紀に人間が馬に乗ったと主張するが、まだ学界では受け入れられていない。ただし遅くとも紀元前二千年紀になると、西アジア出土の粘土板などに、騎馬の事実を示す証拠が現れる。とはいえこの段階では、人は馬の背ではなく尻に乗り、鞍はなく、銜の使用も普及していない。つまりまだ不安定な騎乗法で、誰でも容易に馬に乗れるほど実用的ではなかったから、騎馬遊牧民の登場に直結するわけではない。

本当の遊牧民にとって騎馬技術は生活に必要不可欠の手段であり、女・子供までも習得すべきものである。誰もが騎乗法を習得している集団としての騎馬遊牧民勢力が登場し、馬上から弓を射るのに適した短弓（複合弓）を駆使する騎馬軍団が編成され、それが世界史を動かす原動力になるのはあくまで紀元前一千年紀初めになってからであり、今後、考古学的発掘によって出土する馬の歯や骨の研究がいかように進もうとも、その史実は動かないであろう。

2　ユーラシアの民族大移動

地理学者の応地《おうじ》利明《としあき》によれば、人類史的な意味を持つ地球規模の「移動と定住」の三大画期とは、㈠ホモ＝サピエンス（現生人類）の「出アフリカ」、㈡モンゴロイドの拡散、そして㈢近代ヨーロッパ人の拡散である［応地二〇〇九］。もちろん今ではそれに㈣アフリカから新大陸への黒人奴隷の移動、を追加すべきであろうが、私はそれとは別に、ユーラシア史上の四大民族移動に注目したい。それが、⑴印欧語族の大移動、⑵五胡の大移動、⑶ゲルマン民族大移動、⑷トルコ民族大移動である。これらはいずれも中央ユーラシアから発生したものであり、しかも馬の家畜化と深く関わっている。

印欧語族の大移動

ここで、これまでにも登場した印欧語族やアルタイ語族などの「語族」という用語について説明しておきたい。「語族」とは本来は言語学の用語で、「同一の祖語から派生した諸言語の総称」であるが、歴史学ではこれを、その諸言語を話す人間集団の意味で使うことが多い。もちろんそれは「人種」とは無関係であり、また「民族」とも異なる。ちなみに「語族」の下位区分が「語派」である。

印欧語族の起源（原郷）問題は、日本の邪馬台国論争《やまたいこくろんそう》に似て、欧米では古くから議論百出しており、いまだに決着をみていない。近年では黒海からカスピ海の北に広がる草原地帯とみなす説が有力になっているが、いずれにせよ中央ユーラシア西部のどこかが原郷であるとしておけば、まず異論はないであろう。一方、印欧語族が故郷を離れて四方に拡散しはじめる時期についてもいろいろな説があるが、遅くとも紀元前二五〇〇年頃までとみなせばよいようである。それは、以下に述べる印欧祖語の問題に関わっている。

印欧祖語というのは、中央ユーラシア西部を起点として西は英語を含むゲルマン語派、西南はギリシア語派やイタリック語派、東南はインド＝イラン語派、東はタリム盆地のトカラ語やコータン語、北はバルト＝スラブ語派として、後世になって東アジアを除くユーラシアのほぼ全域に拡散する彼らの共通の祖先の言語と想定されるものである。

その印欧祖語には、羊・牡羊・牝羊・子羊・牡牛・牝牛・豚・子豚・馬という家畜や、羊毛・乳・酸乳・凝乳など多くの牧畜関係用語が存在する上に、車輌に関する四輪車（ワゴン）・二輪車（カート）・車輪・車軸・車軸受け・轅《ながえ》（かじ棒）・軛《くびき》（かじ棒の先に付く横木）も存在するのに、「スポーク」

だけは存在しないのである。それはスポークが、印欧語族の拡散後にようやく出現したからである。しかるに、西アジアで紀元前三五〇〇年頃に発明された車輛は、紀元前三〇〇〇年頃までには中央ユーラシア西部に伝播していたと考えられるが、スポークの発明は紀元前二〇〇〇年前後であることが考古学の方から確認されている。それゆえ、印欧語族が拡散を開始する時期は、遅くとも紀元前二五〇〇年頃と推定しておけば間違いなかろう。

印欧祖語に金・銀はあるのに鉄がなく、馬にスポーク付きの二輪車を引かせる馬車戦車（チャリオット）がないのも、その想定と矛盾しない。鉄も馬車戦車も紀元前二五〇〇年にまでは遡れないからである。しかし、印欧祖語に農業関係の用語が少ないのは不思議である。ただそれは紀元前二五〇〇年以前の印欧語族が農業を知らなかったからではなく、おそらく彼らの間では移動や運搬に車輛を使う牧畜が主で農業が従であったため、農業関係の用語はすでに農業が高度に発達していたヨーロッパ～西アジア～インド～タリム盆地周辺など印欧語族の移住先において、先住民の言語に取って代わられたからではなかろうか。

確かに印欧語族の大移動は、中央ユーラシア側の勢力による最初のユーラシア征服といえるであろうが、過大評価しすぎると新たな西洋中心史観に陥る危険性があるので注意したい。

印欧祖語時代の印欧語族はその原郷の位置から見てコーカソイドであったとみなして大過なかろうが、彼らのうち最も東へ移動したのがトカラ語派であり、南～東南に移動した一大グループがインド＝イラン語派である。

上述したように、馬車戦車を備えた印欧語族が西アジア～インドへと南下していくのは紀元前二千年紀に入ってからである。そして紀元前二千年紀の中頃にメソポタミアにあったミタンニ王国の支配層が残した楔形文字銘文から、彼らの使っていた言語がインドアーリア語であったことが判明している。すなわち古インド語が紀元前一五〇〇年頃には独立した言語として存在していたわけで、インド＝イラン共通時代は紀元前二〇〇〇年頃にまで遡るであろう。そしてインドアーリア人たちは、およそ紀元前一五〇〇年以降、アフガニスタンからカーブル峠を越え、インダス河上流域に入って来て、紀元前一二〇〇年頃にはそこで『リグ＝ヴェーダ』を編纂したのである。古イラン語の最古の文献である『アヴェスター』も同じ頃に成立したようである。

一方、トカラ語派の移動については、紀元前三千年紀にアルタイ〜南シベリアに広がった銅石器〜前期青銅器時代の牧畜主体の文化であるアファナシエヴォ文化と、近年タリム盆地で発掘された紀元前二〜一千年紀のミイラ群が注目される。そのミイラにはコーカソイドが多いがモンゴロイドとの混血もみられ、しかも紀元前二〇〇〇年頃にまで遡るものさえあるという。おそらく彼らがアルタイ地方から天山地方に南下していったトカラ語派の人々であり、トカラ語派の分岐は紀元前二〇〇〇年よりかなり前とみなしてよかろう。

ところで印欧語族にとって砂糖を知る前の甘味料として最も重要な蜂蜜（推定される印欧祖語*médhu）については、蜂蜜ないし蜂蜜酒として共通の用語を維持している。それがサンスクリット語の mádhu、教会スラブ語の medŭ、ロシア語 med'、ドイツ語 Met、英語の mead、タリム盆地〜天山地方のトカラ語の mit であるが、さらにトカラ語から漢語に伝わって「蜜」（漢代の上古音はメット、唐代の中古音はミエット）となり、それを借用した日本語で語末に母音を足して「みつ mit + u」となったのである。

「蜜」という漢字は殷周時代には存在せず、紀元前後の漢代になって初めて現れるものだから、おそらく前漢帝国の西域進出によってトカラ人と接触したことによってミツバチと蜂蜜が伝来したのであろう。インド発祥の仏教を通じて日本語にサンスクリット語がたくさん入っていることは、檀那《だんな》（施主・主人）・奈落《ならく》（地獄）・娑婆《しゃば》（世間）・刹那《せつな》（瞬時）・卒塔婆《そとば》（仏塔）などの例からよく知られているが、印欧語族の別系統に属するトカラ語まで伝わっていたのである。

なお本書でこれから頻出するソグド人とは、印欧語族のイラン語派に属するソグド語を話し、現在のウズベキスタンを中心にタジキスタンにまたがる旧ソグディアナを故郷とする農耕都市民である。特に紀元後の一千年紀の中央～東部ユーラシアで国際商人・軍人・政治家・外交官・聖職者・芸能人などとして大活躍したが、一二〇〇年頃までにはペルシア語やトルコ語を話す人々の集団に飲み込まれるようにして史上から消えていった。

トルコ民族の原郷

先に述べたように、中央ユーラシアにおける馬の家畜化と深く関わる民族移動は、大きく四回あった。すなわち(1)ここまで述べてきた印欧語族の大移動、(2)第一章で言及した匈奴や鮮卑《せんぴ》をはじめとする五胡の大移動、(3)最も有名なゲルマン民族大移動、そして(4)トルコ民族大移動である。

そのうち特に本書で強調したいのは、(4)トルコ民族大移動である。トルコ民族ほどユーラシアの広域にわたり、かつ長期間世界史に影響を及ぼし続けたものはないからである。もはや言うまでもないが、(2)(3)(4)の民族移動と軍事行動はすべて騎馬によって主導されたものであり（もちろん運搬用の牛車も使う）、そこが騎馬軍団登場以前の(1)と大きく違うところである。

印欧語族の原郷が中央ユーラシア西部であったのに対し、アルタイ語族の原郷は中央ユーラシア東部であった。そのアルタイ語族の原郷でも、ツングース族が最も東で旧満洲、モンゴル族がその西の大興安嶺周辺〜モンゴル高原東辺部、そしてトルコ族が最も西のモンゴル高原北辺部〜シベリア南部〜アルタイ山脈北麓にいたと推定される。そのトルコ族とは、漢代に丁零《ていれい》と呼ばれた人々である。モンゴル高原の大部分は紀元前後の約五〇〇年間、匈奴の領域であったが、匈奴がどの民族に属していたのかはいまだに不明である。なおモンゴル高原はゴビ砂漠を内に抱えているため、その北の現在のモンゴル国の草原・森林地帯を「漠北」と呼び、南の中国・内モンゴル自治区を「漠南」と呼んで区別する。

匈奴全盛時代には匈奴の北側に逼塞《ひっそく》していた丁零であるが、匈奴が弱体化するとこれを攻撃し、匈奴がいなくなった後には徐々に南下し、モンゴル高原中央部〜アルタイ山脈周辺〜ジュンガリア、さらには漠南〜中国北部にまで拡大していった。その代表が四〜五世紀に現れる高車《こうしゃ》（高車丁零）や敕《ちょく》勒《ろく》・狄歴《てきれき》である。

『隋書』突厥《とっくつ》伝および鉄勒《てつろく》伝より知られるとおり、六世紀中頃までにはモンゴル高原の大部分は、人口増加したトルコ民族の天下となっていた。すなわちアルタイ山脈〜モンゴル中央部には突厥が陣取り、その北側には後に九姓鉄勒《きゅうせいてつろく》と総称されるウイグル・僕骨《ぼくこつ》（僕固）・同羅《トングラ》・思結・渾・バイルク（抜曳固）などが、そして西側には薛延陀《せつえんだ》やカルルクなどいずれもトルコ系の大きな集団が割拠し、六世紀後半にはそれらが突厥の支配下にまとまっていた。

しかるに同書鉄勒伝によると、同じく六世紀にはシベリア南部～カザフスタン～カスピ海北岸までの草原地帯に二〇ばかりの鉄勒に属する集団が散在していたという。その名称の多くは比定が困難であるが、東ローマ帝国（ビザンツ帝国）のギリシア語史料などと対照して、そこにオグル・オノグル・ブルガール・ペチェネーグ・シビル・トゥヴァ等のトルコ系諸集団が含まれていたとみなすことは許されよう。

しかしこの広大な地域は紀元前には印欧語族のトカラ語族が東進し、またウラル語族の本拠にも近いのであるから、紀元前からこれらのトルコ系諸民族が居住していたとは思われない。彼らはおそらく、紀元後の二世紀に匈奴が西方移動を開始し、四世紀にフン族として黒海北岸に姿を現すまでの間に雪ダルマ式に取り込まれて、トルコ語族の原郷から連行される形で西方に移動したものであろう。トルコ民族の原郷をアルタイ山脈より西方でウラル山脈との間とみなす学者もいるが、私は歴史学的にも言語学的にもその見方に同意できず、もし匈奴がトルコ系であるならばモンゴル高原全体が、そうでない場合もモンゴル北部、具体的にはモンゴル高原北辺部～シベリア南部～アルタイ山脈北麓が原郷であるとするのが合理的と考えている。

突厥の興亡

騎馬遊牧民であったトルコ民族が建てた最初の国家としては、五世紀末にアルタイ山脈を挟んでモンゴリアの西に隣接するジュンガリアにできた高車国があるが、トルコ民族がユーラシアに雄飛する

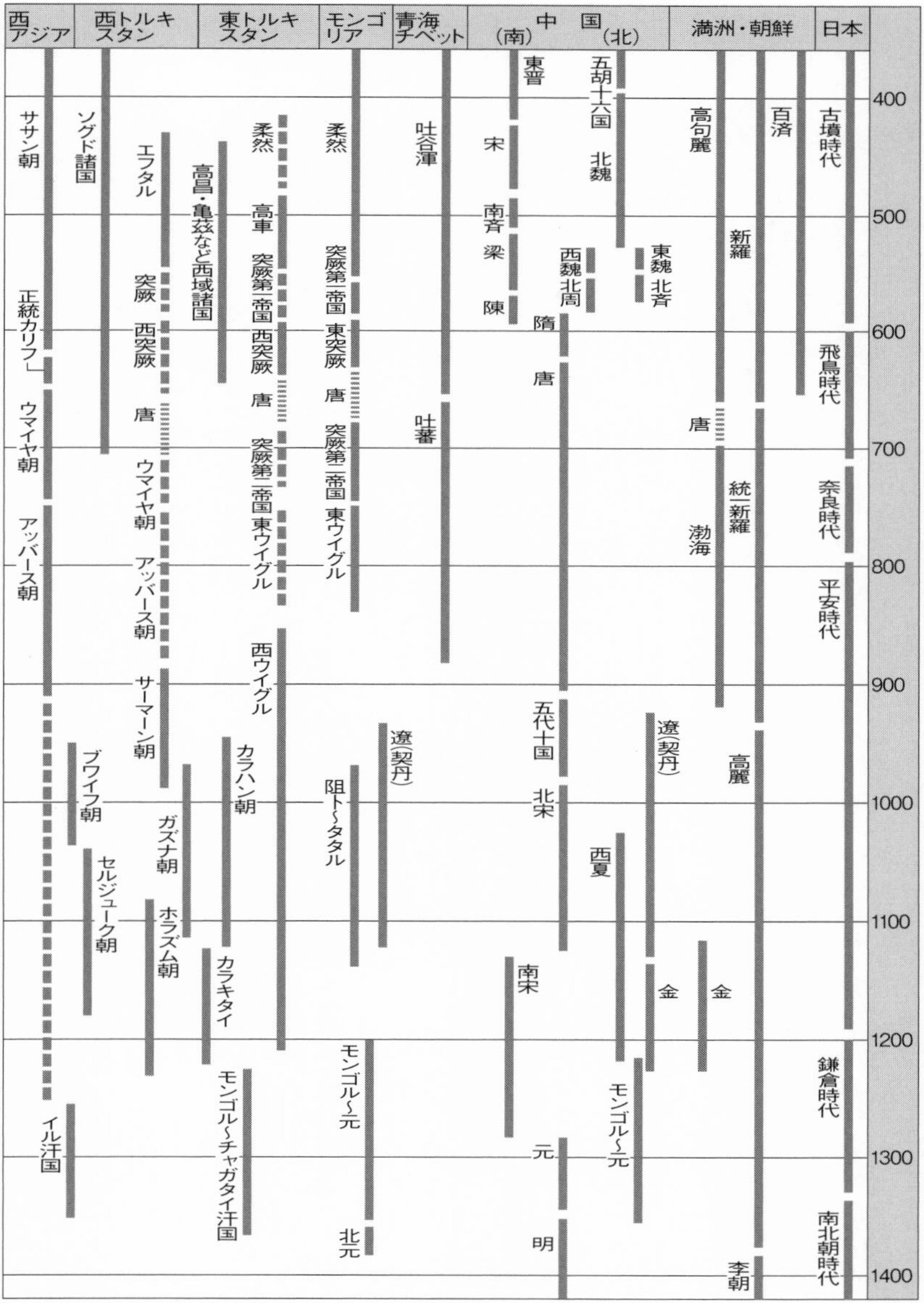

図7　主な王朝の交替略図（4〜14世紀）

土台を作ったのは、なんと言っても五五二年にモンゴル高原に成立した突厥第一帝国である。突厥という固有名詞の原語がTürk(üt)であり、それをテュルクとかチュルクと表記する方法もあるが、本書ではトルコで統一する。

二～四世紀に大興安嶺周辺～漠南で活躍したモンゴル系遊牧民の鮮卑《せんぴ》族が五胡の一つとして中国北部に移動していった後、モンゴル高原全体～東部天山地方を支配したのは、やはりモンゴル系遊牧民と思われる柔然《じゆうぜん》である。柔然は四世紀に鮮卑のもとから独立し、五世紀～六世紀前半には鮮卑が北中国に建てた北魏《ほくぎ》と対立するが、五五二年に、それまで臣属していた突厥によって滅ぼされた。敗北した柔然の残存勢力は突厥に追われ短期間で西走していき、かつての匈奴＝フンと似たようなコースを経て、六～八世紀に東欧～中欧で活躍するアヴァール族になったという。

突厥は高車衰退後にアルタイ地方を本拠にして、アルタイ山脈に豊富な鉄鉱石を利用する製鉄・鍛冶を専らとする部族として柔然に仕えながら、力を蓄えていった。そして同じく柔然に臣属していた鉄勒諸部が柔然に反旗をひるがえした際、これを鎮圧して柔然に恩を売り、柔然の可汗《かがん》（遊牧国家の皇帝）に王女の下賜を求めたが拒絶されたため、南方の拓跋《たくばつ》国家である西魏に接近し、ついに柔然を滅ぼすにいたった。

独立後はその鉄を有効に活用して、またたくまにモンゴル高原全体を押さえただけでなく、北方は南シベリアで優秀な鉄器を作っていたキルギスを制圧してさらに製鉄技術を高め、西方はジュンガリアを越えてカザフスタンにまで勢力を伸ばし、タリム盆地やソグディアナの都市国家までも間接支配する一大強国となった。王族は阿史那《あしな》氏である。

領土の争奪を事とする農耕国家とちがって、遊牧国家の場合は、移動性が高い遊牧民集団の離合集散こそが一大事であり、国家の興亡は基本的には支配部族の交替であるから、全体の動向にスピード感がある。柔然国から突厥国に変わったといっても、柔然国の支配部族がいなくなっただけで、多数の被支配部族はモンゴル系であれトルコ系であれ、はたまたトカラ系やイラン系であれ、無駄に抵抗して抹殺されない限りはそのまま新しい突厥国の構成民となったのである。

突厥第一帝国では初代ブミン可汗の後、第三代・木杆《ムカン》可汗、第四代・他鉢《タトパル》可汗と名君が続いたため、中国の北周《ほくしゅう》・北斉《ほくせい》両王朝に掣肘《せいちゅう》を加えただけでなく、前代の柔然時代から中央ユーラシア東部に商人や政治顧問や外交使節などとして入り込んでいた多数のソグド人をいっそう活用し、短時日でかつての匈奴帝国以上の繁栄を現出した。ササン朝ペルシアと協力してエフタル帝国を滅ぼしたのも、ソグド人を使って東ローマ帝国と交渉を持ったのもこの頃である。

突厥がエフタル打倒のために協力したササン朝ペルシアとすぐに袂《たもと》を分かったのは、大量の絹を売り込むために突厥がササン朝に派遣したソグド人使節一行が殺されたからだった。代わりに東ローマ帝国とはソグド人の仲介のおかげで交渉がまとまり、絹の輸出が軌道に乗ったのである。必然の成り行きとして、文字言語を持たなかった突厥第一帝国ではソグド語が公用語となった。

南方の中国で分裂していた諸国家が、五八一年に隋によって再統一されると、突厥と中国王朝との形勢は逆転し、五八三年から突厥は東西分裂の様相をきたすようになる。そして東突厥は隋に臣属するが、隋末の混乱で群雄割拠すると、東突厥は李淵《りえん》・李世民《りせいみん》父子を支援して唐建国に貢献した。しかし日の出の勢いにあった唐によって、六三〇年にいったん滅ぼされ、大量の突厥遺民が漠南から中国北部に移動した。一方、西突厥では隷属していた鉄勒のなかの契苾部《けいひつ》が台頭したこともあったが、六五〇年代後半までは阿史那氏が命脈を保ち、これも唐によって滅ぼされた。

漠南〜中国北部にいた突厥遺民はほぼ半世紀の間雌伏《しふく》を余儀なくされたが、六八二年にようやく唐への反乱が成功すると、漠南から漠北に返り咲き、そこにいた鉄勒諸部も支配下に納めた。こうして復活したものを突厥第二帝国という。

この帝国で、中央ユーラシアの騎馬遊牧民が生み出した最初の文字である突厥文字（トルコ゠ルーン文字）を用い、突厥語（古トルコ語）で書かれた突厥碑文（旧称オルホン碑文）が建造される。最も有名なのがキョル゠テギン碑文・ビルゲ可汗碑文・トニュクク碑文であり、これらが二〇世紀に解読されたことによって、遊牧国家の発展過程が、それまでよりはるかによく分かるようになった。

突厥第二帝国の最盛期は第三代・ビルゲ可汗死去までの四〇年あまりであり、それほど長いものではない。しかしその間の征服戦争により、その勢力範囲は、東では契丹を征服し、渤海《ぼっかい》国に接した。西では、シルクロードの草原の道とオアシスの道の両方を押さえていた突厥第一帝国の盛時には及ばないものの、一時は唐帝国の領土となっていた天山北麓の草原の道（天山北路）一帯を取り返し、アラル海に注ぐシル河を越えてソグディアナの南辺にある鉄門にまでいたった。さらに、もしカスピ海から黒海の北岸に位置するハザール王国の支配層が突厥の可薩部であって、彼らが突厥第二帝国と直接結び付くものであったなら、突厥第二帝国の勢力範囲は黒海北岸にまで及んだことになる。それならば、配下のソグド商人を使って黒海南岸の東ローマ帝国とも容易に絹貿易ができたであろう。

ウイグルの興亡

本書に頻出するウイグルとは、主に七世紀から一四世紀にかけて中央ユーラシア東部（パミール以東）で活躍したトルコ系民族集団の古代ウイグルを指し、それと同時に彼らが中核となった国家名をも指す。漢文史料では廻紇・回鶻・輝和爾・畏吾爾などと表記される。これは二〇世紀に新たに名付けられた現代のイスラム教徒ウイグル人と部分的に重なるものの、決して同じではない。

この古代ウイグルも、元来はモンゴル高原にいたモンゴロイドで、トルコ系の言語を話した騎馬遊牧民である。七四二年に突厥第二帝国を打倒したのは、この九姓鉄勒の筆頭格のウイグルと、別の鉄勒に属するバスミル・カルルクとの三派連合であったが、七四四年には単独で覇権を握り、八四〇年まで続く東ウイグル帝国を建設して中央ユーラシア東部に君臨した。東ウイグル帝国とは、可汗の本拠地がモンゴル高原のオトュケン山地方〜オルホン河中流域にあった時代で、ウイグル可汗国とも草原ウイグル帝国とも呼ばれる。しかし八三〇年代後半に気候変動による自然災害と内訌《ないこう》によって弱体化し、八四〇年に北方にいた同じトルコ系のキルギスの侵攻を受けて国が滅びると、ウイグルの大集団がモンゴリアから四散する。

南の漠南に向かった集団は唐に受け入れられず、その攻撃を受けてまもなく消滅するが、河西回廊に向かった一派は甘州《かんしゅう》ウイグル王国を、そして天山山脈の周辺からタリム盆地に移動した最大の集団は西ウイグル王国を建てた。甘州ウイグル王国は一〇世紀には敦煌にあった河西帰義軍節度使《かさいきぎぐんせつどし》政権（実質は敦煌王国）と緊密に結びついてかなりの存在感を示したが、一一世紀には東方から膨張するタングート族中心の西夏《せいか》王国に吸収された。

一方、西ウイグル王国は、一三世紀初頭にモンゴル高原東部から勃興するモンゴル族のチンギス汗に自ら服属するまでの約三五〇年間、東部天山地方において繁栄を見せただけでなく、モンゴル帝国時代（一三～一四世紀）に入ってからも旧西ウイグル国人はモンゴル帝国の政治・経済・宗教・文化などあらゆる面でめざましい活躍を見せた。ただし西ウイグル時代以降のウイグル人の間には農民・都市民となっていく現象、すなわち「ウイグルの定住化」が進行するが、誇り高き遊牧戦士が土着・定住化していくメカニズムについてはいまだなにほども解明されていない。

なお民族と国家が一対一で対応しないことはもはや常識であるが、東ウイグル帝国・西ウイグル王国・甘州ウイグル王国のいずれにおいても国内にはウイグル人以外の人々、すなわちウイグル以外のトルコ系諸民族だけでなく、言語も体質も異なるソグド人・漢人・トカラ人等々が少なからず存在したことを忘れてはならない。しかしこれらの人々も「ウイグル国人」であることにおいて変わりはない。

トルコ民族大移動とトルキスタンの成立

トルキスタンとはペルシア語で「トルコ人の土地」という意味であるが、正確には「トルコ語を話す人の土地」である。つまり印欧語族などの先住民族がいた地域にトルコ民族が移動して支配者になった結果、被支配者までもがトルコ語を話すようになって「トルコ化」した地域のことである。

トルコ民族の一部が原郷のモンゴリアから西方に移動するのは突厥第一帝国以前から始まっており、天山山脈以北のジュンガリア～カザフ草原のトルキスタン化は徐々に進行していたと思われるが、突厥時代以降にそこからさらに西進して南ロシア〜東欧に入り、離合集散を繰り返して史上に名を残した集団にはブルガール・ハザール・シビル・ペチェネーグなどがいた。その大部分は印欧語族のスラブ語派やウラル語族のフィン＝ウゴール語派の人々と混血してトルコ語を失っていき、わずかにロシア連邦のヴォルガ河中流域にあるチュヴァシ共和国のチュヴァシ語が残っている程度である。ただしブルガリア語やハンガリー語の中には古いトルコ語の語彙が多数入っている。

さて、突厥第二帝国にとってかわったのは東ウイグル帝国であったが、折しも七五五年に勃発した安史の乱によって唐帝国の勢力が中央アジアで弱体化すると、南下するウイグルとチベット高原から北上する吐蕃《とばん》とが東部天山地方で衝突することとなる。係争の焦点は、天山北麓で現在のウルムチの東方一六〇キロメートルにある北庭《ほくてい》（ビシュバリク）である。

そして七八九〜七九二年の北庭争奪戦でウイグルが吐蕃に勝利した結果、天山北麓の草原地帯（天山北路）とタリム盆地北辺（天山南路北道）一帯はウイグルの支配下に入り、タリム盆地の南辺（天山南路南道）は吐蕃の支配下に入るのである。従来は七五一年の大食《タジク》と唐のタラス河畔の戦いを中央アジア史上の天下分け目の戦いとみなしてきたが、実は北庭争奪戦こそがその評価に値しよう。

北庭争奪戦後、東ウイグル帝国はソグド人を活用するシルクロード貿易でますます栄え、世界史上唯一のマニ教帝国となった。しかし最後は連年の天候不順による饑饉《ききん》で疲弊し、八四〇年に内紛に乗じたキルギスの攻撃を受け滅亡すると、ウイグルの大集団が主に西南方に移動し、最大の集団が東部天山地方〜タリム盆地に西ウイグル王国という新国家を建てた。同じ頃にタリム盆地南辺を支配していた吐蕃帝国も滅亡したため、ここからさらに、先住民が印欧語族のトカラ人やコータン人、および漢人であったタリム盆地一帯のトルキスタン化が進展していく。この時代のウイグル人には、古くから天山地方～タリム盆地に居住していたコーカソイドとの混血が進んだ結果、黒目・黒髪で凹凸の少ない容貌のモンゴロイドとは違う体質を持つ者が増えてくる。

さらに西部天山地方にまで移動したウイグルの別の一派と、それ以前からそこに移住していたトルコ系のカルルクやヤグマーなどが合体してカラハン朝が建国され、その勢力がタリム盆地西部に及び、西ウイグル王国と対峙することとなる。こうして東トルキスタンが成立する。

一方、ソグディアナやバクトリアなど、元来はイラン系言語を話す人々の世界であった地域にトルコ諸族が進出していって西トルキスタンになるのは、いかなる経緯であろうか。

通説では一〇世紀半ばに成立し一二世紀まで続くとされるカラハン朝が、トルコ系最初のイスラム王朝である。その当初の領域は西部天山北麓からタリム盆地西辺のカシュガル地方までであるが、九九九年に同じくトルコ系のガズナ朝と呼応してイラン系のサーマーン朝を征服してから旧ソグディアナに拡大し、さらに一一世紀初頭にはタリム盆地のコータン王国も征服した。カラハン朝を建てた立役者はカルルク・ウイグル・チギル・ヤグマーいずれかであったと思われるが、いまだに判然としない。いずれにせよ、その構成部族にはそのすべてがおり［代田二〇〇二］、さらにオグズ族なども加わったものと思われる。

旧ソグディアナでは、トルコ化よりもイスラム化の方が先行し、カラハン朝に先んじて、イラン系のイスラム国家であるサーマーン朝（八七五～九九九年）が成立した。その時代から、トルコ系の奴隷軍人が重用され、トルコ人の南下が激しくなっていた。彼らの出身はおそらく突厥時代からカザフ

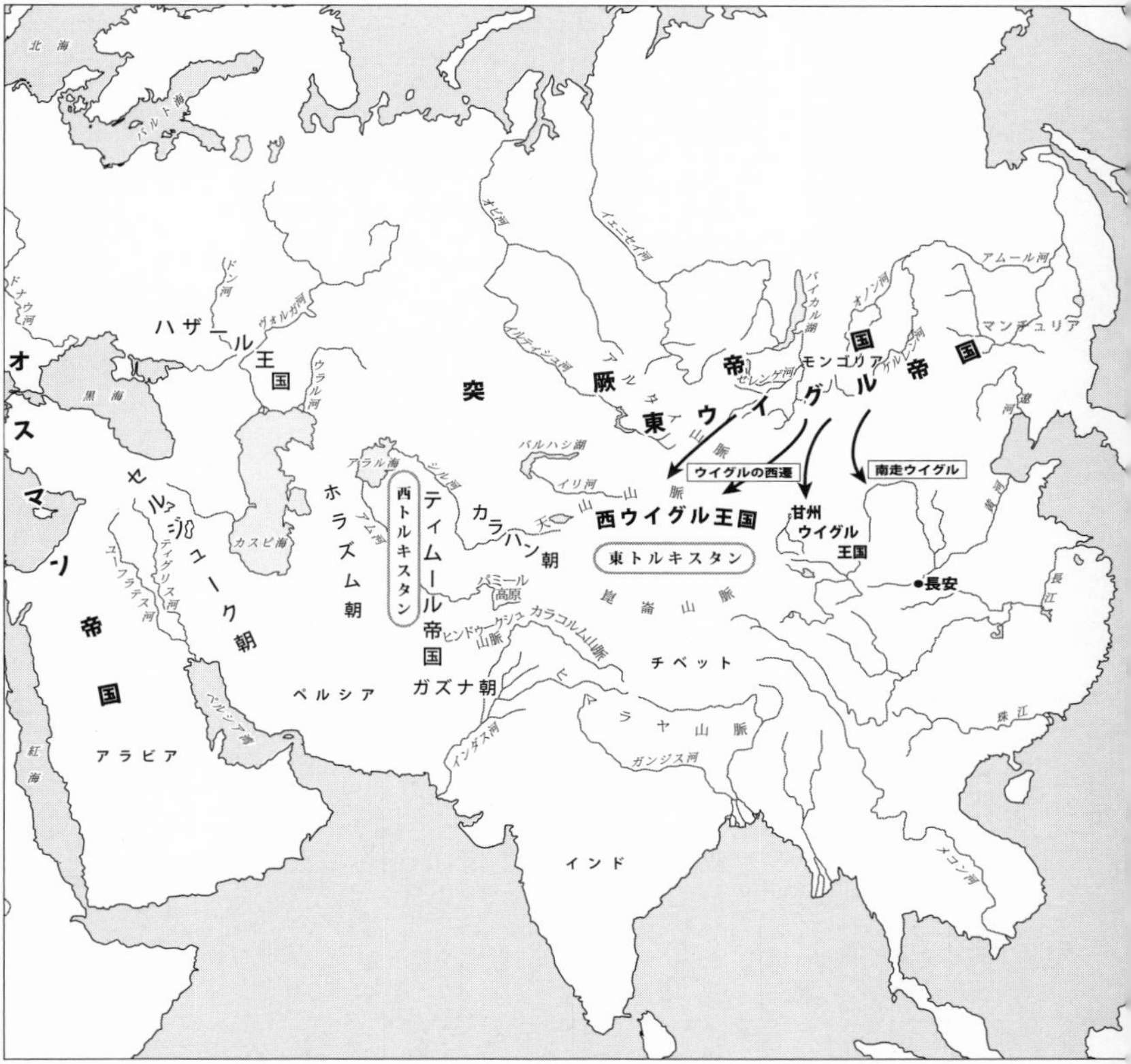

図8　トルコ民族の大移動（6世紀以降）。トルコ系諸民族がその原郷であるモンゴル高原周辺部から西進してユーラシア全域に立てた諸国家名であり、すべてが同時に併存したわけではない。矢印は9世紀中葉のウイグル民族の移動経路

草原に展開していたオグズ族であろう。そして権力を握るようになったトルコ系奴隷軍人がついには独立してイスラム国家のガズナ朝（九六二〜一一八六年）を建て、アフガニスタンを中心に西北インドから東イラン（ホラーサーン）にまで領土を拡大した。こうしてイスラム化した西トルキスタンが成立する。

東トルキスタンの大部分は一〇世紀にはトルコ化していたであろうが、西南部のコータン王国ではまだ印欧語のコータン語が健在であった。一一世紀になり、カラハン朝によってコータン王国は吸収され、西部天山地方の一部を含めて東トルキスタンの西半部は徐々にイスラム化していく。一方、東半部を押さえた西ウイグル王国では一〇世紀までマニ教が国教であったが、一一世紀からは仏教国となっていく。それゆえ東トルキスタンの東半部はモンゴル帝国時代になってさえまだ仏教が主流である。東トルキスタン全体が完全なトルコ＝イスラム世界になるのは、モンゴル帝国が滅びてからかなり後の一五世紀後半以後にすぎない。

新しいトルコ人の世界

東西トルキスタンは、元はモンゴロイドだったトルコ語族と、主としてコーカソイドであった印欧語族が混血した新しいトルコ人の世界なのである。一三〜一四世紀のモンゴル帝国は空前絶後の大帝国であり、支配者はあくまでモンゴル人であったが、東西トルキスタンは元朝《げん》で「色目人《しきもくじん》」として活躍したウイグル人やカルルク人などをはじめとする新しいトルコ人の出身地であり、トルコ化はいっそう進んだのである。その状況は、モンゴル帝国滅亡後にこの地域を支配したティムール帝国の時代から一九世紀まで続くが、一九世紀になると西北からはロシアの勢力が伸張し、東からは清朝支配下の漢人の進出が顕著になってくる。

トルコ民族の拡張は東西トルキスタンにとどまらない。アラル海からシル河以北にいたオグズ族の一派（後のトゥルクメン人）は、以前ハザール王国に仕えていたセルジュークに率いられ、次第に南下してシル河下流域からアム河流域に移動し、サーマーン朝やカラハン朝と通じ、ガズナ朝と対抗した。次いで東イラン（ホラーサーン）から小アジア（アナトリア）にいたる西アジア主要部のほぼ全域を支配するセルジューク朝（一〇三八〜一一五七年）を建国した。さらに彼らは一〇五五年、バグダードに入城してブワイフ朝を倒し、アッバース朝カリフからスルタンの称号を受け、一〇七一年にはマンジケルトの戦いで東ローマ帝国軍を打破した。それがトルコ人による小アジア征服の始まりであり、また欧州からの十字軍遠征の原因となった。

一方、トルコ系の軍人奴隷（マムルーク）がエジプトを中心に一二五〇年に建てたのがマムルーク朝である。それが十字軍を最終的に撃退し、インド洋から地中海を通じて欧州にいたる香料貿易で繁栄したが、最終的に一六世紀初頭にオスマン帝国に併合された。

最後に現れたトルコ系最長の王朝が、オスマン帝国（一二九九〜一九二二年）である。セルジューク朝およびルーム＝セルジューク朝がトルコ化とイスラム化を進めた小アジアから興起し、一四五三年にはコンスタンティノープルを占領して東ローマ帝国を滅ぼし、以後、西はバルカン半島から東欧、東は地中海東岸部から紅海沿岸、南は地中海南岸の北アフリカにまたがる大帝国へと発展していった。西欧のオペラに現れる悪役がしばしばトルコ人であるのは、近代に入ってさえキリスト教欧州世界がイスラム教オスマン帝国の圧迫を受け続けた事実の裏返しなのである。とはいえオスマン帝国は、すべての中央ユーラシア型国家と同様（モンゴル帝国がその典型）、異民族・異宗教にも寛容であり、多数のキリスト教徒を抱えた多民族・多宗教・多言語の帝国であり、複合的な文化が花開いたのである［新井二〇〇二］。

現在、トルコ系の言語を公用語とする国・地域として挙げられるのは東トルキスタンの新疆ウイグル自治区、西トルキスタンのキルギス・カザフスタン・ウズベキスタン・トルクメニスタン、そして第一次世界大戦で敗戦国となったオスマン帝国から生き残ったトルコ共和国とアゼルバイジャンなど広い範囲に及んでいる。この事実によってもトルコ民族大移動の足跡をうかがうことができよう。

こうした民族の移動や文化の融合は、現在の日常生活の中にもその痕跡を見てとることができる。たとえば今、世界中で健康食品として愛用されているヨーグルトは、中央ユーラシアの遊牧民が生み出した乳製品であり、現代欧米諸語や日本語にまでなっているその語源は、「(乳を)こねる、こねまわす」という意味の古代トルコ語の動詞「ユグル」の名詞形「ユグルト」に由来する。それがトルコ系ブルガール族がスラブ族と混じりあって生まれたブルガリアや、オスマン＝トルコを通じて近代ヨーロッパに伝播したのである。

第三章 シルクロードの世界システム論

オルホン河西岸にあるカラバルガスン遺跡の宮城内部。
2011年にドイツ・モンゴル合同調査隊の発掘現場を見学。
著者撮影

1　前近代の世界システム

複数の世界システム

二〇一九年八月にその訃報が大きく報道されたアメリカの歴史学者・イマニュエル＝ウォーラーステインの「近代世界システム論」は、近代史研究に強烈なインパクトを与えた。

それによれば、西欧が生み出した資本主義という人為的な分業体制（特に日用品生産の分業体制）が地球規模に拡大したことにより、一六世紀以降の近代世界が中核・半周辺・周辺という三つに分化し、その間に支配と被支配の不均衡な関係が生じたという。そして今では、多くの学者によって、近代以前にも国家・地域間を分業体制によって統合する世界システムはいくつも存在したことが指摘されている。またそうした世界システムの始まりもモンゴル帝国時代からであるとか、いやアッバース朝まで遡るとする議論などがある。

なかでも私が注目するのは、妹尾達彦の唱える「前近代の三つの世界システム」である［妹尾二〇一八］。それによればユーラシア全体を東部・中央部・西部の三つに分け、それぞれの北方に遊牧地域、南方に農業地域を設定し、紀元前一千年紀には東部で匈奴と秦漢、中央部でサカとペルシア、西部でスキタイとギリシア・ローマというふうに南北に対峙・共存する構造ができたことが示される。別の言葉に言い換えれば、「夷狄《いてき》×中華」「トゥーラーン×イーラーン」「バルバロイ×ヘレン」という南北対立である。

ここで私が指摘したいのは、牧畜はそもそも南方の農耕地帯から始まったのに、北方に遊牧世界が出現すると、文明と野蛮という差別を、農耕世界側がするようになることである。秦漢の秦もペルシアもギリシア・ローマも元々は北方の出身であったのに、農業地域に入って国家形成をなしとげるといかにも自分たちは文明人で、北方の人を野蛮人とみなすようになる。インドもペルシアもギリシアもローマも北方出身の印欧語族なのに、出身地の同族を差別する。時代が進めば、東部では鮮卑《せんぴ》出身の北魏《ほくぎ》が柔然《じゅうぜん》を、北魏以来の拓跋《たくばつ》国家の系譜につらなる隋唐が突厥《とっくつ》を蛮族視するし、近代西欧の主役となるゲルマン人はかつてローマ側から蛮族視されていた集団である。

こうした南北対立の様相が通時的にもっともよく分かるのは、ユーラシア東部の「夷狄×中華」においてである。匈奴に始まり、鮮卑・柔然・突厥・ウイグル・契丹《きったん》・モンゴルと続く夷狄側の状況が、同時代の中華側の状況と合わせて漢文史料から窺えるだけでなく、突厥以降は夷狄側が自らの言語で書いた文献もそれなりに残されているからである。以下の叙述は「夷狄×中華」を中心とする。

遊牧経済の脆弱性

家畜に依存する遊牧国家の経済は、自然環境に対する脆弱性が顕著で、極めて不安定なものである。農耕国家の経済基盤である穀物とちがって、家畜は保存がきかないから、潜在的にはいつでも家畜不足の危機に陥る恐れがあった。特に夏の旱魃・野火、冬の氷雪・寒波による饑饉などにより草が不足すれば、家畜は数万〜数百万規模で大量死し、合わせて人民も減少してしまうのである。

そうした場合は、移住して他地域の遊牧部族を襲撃するか、南方の農耕地域に侵入するかして、家畜と人的資源をまとめて略奪するしかない。獲得した人的資源は当然ながら奴隷的な扱いを受けるが、遊牧民ならばそのまま利用できるし、農民や職人ならばそれぞれの分野で働かせられる。遊牧国家にもわずかながら農耕地は点在したのであり、そこの仕事は遊牧民の手に負えなかった。

以上のような危機的状況の時でなくても、草原の遊牧世界で生み出される資源だけでは国家の維持運営はできず、遊牧国家はその支配構造からして、常に定住農耕世界から財貨を吸収し続ける必要があった。

遊牧国家の形成と特徴

前章で述べたように、卓越した機動力を持つ騎馬遊牧民集団どうしの闘争の中から大きな勢力が頭角を現した時、史上初の遊牧国家の登場となり、人類の歴史は新しい段階に入った。とはいえ遊牧だけで自給自足はできないし、遊牧民は農耕地域から孤立して生活しているわけではない。草原地帯で孤立・独立したままで国家が自然発生した例はなく、遊牧国家はいつも農耕世界と接するボーダー付近に形成される。

匈奴では「単于《ぜんう》」、鮮卑以後では「可汗《かがん》」と呼ばれる遊牧社会のリーダーの使命は、戦争の指揮と戦利品の分配、平和時には軍事演習の役割も兼ねる巻き狩りの指揮、服属部族からの貢税や貿易によって得た資源の再分配である。遊牧民にとって理想のリーダーとは、戦略を含む危機管理能力の高さと資源の再分配における公平さを有する者である。略奪戦は集団戦であり、略奪品の再分配はリーダーの裁量に委ねられるからである。

農耕国家において領土拡大をめざす戦争は、支配層にとっては有益であっても、一般民にとっては消耗以外のなにものでもない。しかるに中央ユーラシアの遊牧国家においては、戦争は支配層だけでなく一般民にとっても消耗ではなく生産活動であった。生産力の低い遊牧部族が連合して遊牧国家を建設するのは、南方へ略奪に行く際の組織化のため、つまり生きるためなのである。

ただ、注意を喚起しておきたいのは、中央ユーラシアの騎馬遊牧民集団は決して文化的に劣った野蛮人ではないということである。遊牧国家については相変わらず中華主義や西洋中心主義の立場から「略奪」を事とする悪玉国家のイメージは払拭されてはいないが、それはあまりに一方的評価である。日本が世界に誇る東洋学者である岡田《おかだ》英弘《ひでひろ》が繰り返し述べたように、歴史においては、善か悪かという道徳的判断は不可である。

他の地域や時代の例をみれば、インド古代のクシャトリアにとって最も適わしい生計法とは、戦闘による他者の財富の掠取であり、結婚も掠奪結婚がよいとされた。いっぽう前近代の海上貿易においては、貿易船が海賊船に早変わりし、正規の交易と海賊行為とが相伴った実例は世界中どこにでも見られた。漢人・ペルシア人・ギリシア人・ローマ人の非道な行為は、彼らが夷狄とかバルバロイと呼んだ遊牧民よりはるかに野蛮な場合がいくらでもあった。

話を戻すと、遊牧国家の特徴としては、十進法的軍民組織や中央・左右翼分統体制が挙げられる。その頂点に立つのが王族とそれを取り巻く腹心・親衛集団である。遊牧部族が部族国家、部族連合国家へ、さらに最終的には中央ユーラシア型国家へと発展していく過程において、とりわけ重要な役割を担ったのが、血縁関係を超えて主人たる単于や可汗に生命さえも差し出す覚悟で結集した腹心集団（モンゴルではネケルないしノコルと呼ばれる）と、彼らが指揮する親衛集団（モンゴルではケシクと呼ばれる）である。

ネケル／ノコルの原義は「友人」であるが、歴史学用語としてのそれは「命をかけて主人を守ると誓った腹心戦闘集団」であり、エリートと奴隷（軍事奴隷）の両面性をそなえている。ケシクも含め、そうした腹心・親衛集団のあり方は、中央ユーラシアどころか、ゲルマン諸族（コミタートゥス）やムスリム諸国（マムルーク・グラーム）、さらに倭国（トモ・ヒト制）にまで及んでいる。ユーラシア全体におけるその普遍性への言及と証明は、あまりに専門的になるのでここでは省略するが［森安二〇一二、ベックウィズ二〇一七、丸橋二〇一八参照］、そのような腹心・親衛集団という強固な人的関係を支えたのが財貨の贈与システムである。

他部族との略奪戦争の段階で生まれた当初の小さな組織であれば、戦利品の分配で済んだものが、遊牧国家にまで発展した段階では戦利品だけでは不十分となり、恒常的に外部から財貨・資源を吸収し、それを再分配するシステムを構築せねばならなくなる。つまりそのような再分配システムの構築と遊牧国家形成は表裏一体であり、略奪戦争・征服戦争の継続はいわば遊牧国家の宿命でもあった。

遊牧国家とは、騎馬遊牧民だけで成り立っていたわけではない。政治と軍事を握る騎馬遊牧民が中核となり、商業・手工業のみならず、農業に従事する定住民までも直接・間接の支配下に取り込んだ複合的国家である。とりわけ国家の発展・維持に不可欠だったのが国際商業、すなわちシルクロードを通じた貿易であり、遊牧民の日常生活の維持に必要だったのが国境地帯での農耕民との交易である。大規模な国際商業であれ、中小規模の国境付近での交易であれ、円滑に行かなければ、略奪という非常手段に訴えざるをえない。

ただしこれまで欧米の学者がよく使ってきた「交易か略奪か」理論は不十分である。注意が必要なのは、両者の対象が違う点である。平和時の交易では、奢侈品・手工業品（武器や生活道具など）・農産品（穀物、酒、麴など）が対象となるが、戦争による略奪では家畜と人間が主たる対象であった。家畜は平和時には遊牧国家側から農耕国家側へ輸出する交易品であるが、戦時には逆に農耕国家側から奪い取る対象となる。遊牧民が家畜を農耕地帯から略奪するのは、自然災害や疫病や他の遊牧集団との戦闘などで失った家畜を補充したり、人口増加による家畜不足を解消したりするなど、遊牧経済における再生産活動の恒常化のためである。

遊牧民にとって略奪は生存戦略にかかわる最終手段であり、農耕都市文明側の道徳規準で単純に「悪」と決めつけては、歴史は理解できない。もしそれを「悪」と主張するならば、我が国の戦国時代に「国盗り物語」を演じた武田信玄や織田信長や豊臣秀吉などの武将たちもすべて大悪人となろう。それでは日本史は成り立つまい。前々頁の岡田英弘の言葉を想起されたい。

絹馬交易

「絹馬《けんば》交易」という歴史用語は、第一章で紹介した「三風土帯説」と同じく松田壽男が生み出したものである。農耕中国と北方〜西方の遊牧国家とはいつでも対立・戦争していたわけではなく、むしろ平和的に交易する関係を維持しているのが常態であったと指摘して、その実態を両者の特産物である馬と絹に代表させて名付けたのである。

この交易関係について、中華側の漢文史料はいかにも周辺国家からの自発的な「朝貢」であったように装うが、実際は騎馬軍団を擁する遊牧国家が優位に立ち、馬をはじめとする家畜や畜産品を輸出し、中国からは絹織物を筆頭に、穀物や文房具や生活用具など自給できにくい産物を輸入する貿易である。たとえ中国側が圧倒的に不利であっても、これを拒否すれば遊牧勢力側から侵略される恐れがあるし、中国としても最重要の軍需品である馬を必要としたから、古くは前漢・後漢と匈奴との間で始まり、後漢・三国魏・西晋と鮮卑、北周・北斉・隋唐と突厥、唐と東ウイグル、宋と遼・西夏と千年以上の長きにわたって続いたのである。もちろん遊牧国家側から馬が供給されない場合は、中国側からの一方的な「歳幣《さいへい》」献上となるが、それでも侵攻を蒙《こうむ》るよりは安上がりと判断されたのである。

馬は現代の陸軍の戦車、空軍の戦闘機に匹敵するものであり、軍備の要であるから、いつでも中国側の需要が高く、中国からは見返りとして大量の絹織物が流出した。絹馬交易がもっとも盛んであったのは突厥と東ウイグルの支配時代（六〜九世紀）であり、その当時、絹馬交易を含むシルクロード貿易の担い手としてもっとも活躍したのはソグド商人である。ソグド商人の姿はそれ以前にもあり、その後には後継者ともいうべきソグド系ウイグル商人（後述）が活躍している。

松田壽男は、官貿易ともいうべき絹馬交易と並行して、国境付近では半官半民の交易である「互《ご》市《し》・関市・交市・合市」のあったことにも注意を喚起しているが、史料不足ゆえその実態は分かりにくい。とはいえ、中国側では地方官吏や国家の承認を得た民間商人が、そして遊牧側ではソグド商人のような外来商人のほかに個人としての王侯貴族や部氏族長などの代理人が参加して、家畜・乳製品・羊毛製品や北方特産の高級毛皮・香薬類と中国側の農産物や手工業品が交換されたにちがいない。

絹馬交易で馬の代価としてモンゴル高原～天山山脈地方に年々蓄積される膨大な量の絹織物（馬価《ばか》絹）は、主にソグド商人の手により、軽くて高価な商品、ひいては貨幣として中央アジアを越えて西アジア・東ローマ帝国などに運ばれた。その見返りに遊牧国家側が得たのは、金銀器、ガラス製品、玉《ぎょく》・琥珀《こはく》・真珠《しんじゅ》・珊瑚《さんご》その他の宝石類、さまざまな香料薬品類などの奢侈品であった。匈奴・突厥・ウイグルなど草原世界の王侯貴族がいかに金銀器を愛好したかは、正史の中の匈奴伝・突厥伝・ウイグル伝などの漢籍記事、そしてギリシア語で残された東ローマから突厥への使者の報告のみならず、モンゴル・南シベリア・天山山中などより出土した実物がこれをよく物語っている。

そして、もう一点忘れてならないのが、動く高額商品としての奴隷である。北朝から隋唐にかけて中国には西域から多数の芸能人・音楽家・美術家・工芸職人・医者などが迎え入れられ、文化交流の花を咲かせてきたが、彼らの多くは高額で購入される奴隷、もしくは高額で雇傭される特殊技能者であった。草原の遊牧民世界にも北朝・隋唐王朝に匹敵する豪華な暮らしがあり、絨毯《じゅうたん》を敷き高価な錦《きん》繍《しゅう》で覆われた美しいテントで、着飾った王侯貴族や妻妾たちが金銀杯やガラス細工で葡萄酒を飲みながら、西域伝来の歌舞音曲やサーカスを楽しんでいたことであろう。

前近代世界システム論の提唱

ウォーラーステインの近代世界システム論を極めて乱暴に言えば、西欧勢力は南北アメリカ・アフリカからの資源・財貨の収奪によって発展したということであり、その裏付けは鉄砲・大砲による軍事力である。

ならば前近代において、ユーラシア北半分の遊牧勢力が騎馬軍団の軍事力に依拠して南半分から収奪して国家を維持・発展させた現象を、ウォーラーステインに倣って「前近代世界システム」と名付けてもよいのではないか。より正確には「前近代ユーラシア世界システム」であるが、第一章・1で述べた本書の立場からは、ユーラシアを外して「前近代世界システム」でじゅうぶんなのである。なおこのアイデアは、妹尾とは独自に私自身すでに二〇一一年に公表［二〇一一a］したところである。

騎馬遊牧民登場以後の前近代ユーラシア史の趨勢は、北の遊牧国家と南の農耕国家の対立と協調である。中央ユーラシアの遊牧国家には資源・財物が少なく、自前では国家組織を安定的に維持できなかったがために、南方の農耕定住地域からそれを恒常的に吸収し、その再分配システムを構築したのである。

そもそも国家とは収奪を正当化する手段（機構）であり、遊牧国家が略奪的で、農耕国家や定住国家はそうではないというのはまやかしにすぎない。支配者と納税者（被支配者）が同一領域内にいる国家の場合、いかに支配者が国家経営のためにひどい収奪（搾取）をしても、それを後世の人や研究者は「略奪」的とは言わない。しかし農耕国家も遊牧国家も、共に国民大衆から収奪しているわけで、税役を強制的に吸い上げる点でも、その強制力の背景に軍事力ないし合法的暴力組織（軍隊、警察など）がある点でも同じである。

遊牧生活では自給自足ができず、北の遊牧民は貧しかったとみなされがちであるが、遊牧民には肉と乳製品があった。実際は南の農耕文化圏の一般農民の方がよほど重税に苦しみ、栄養状態も悪かったのである。とはいえ北方草原の遊牧世界には、独自に国家を運営していくだけの資源・財物が恒常的に不足している。そのために、それらを、南方の富裕な農耕定住世界に求めざるを得ない。それを可能にしたのは、馬の存在と騎馬軍団による卓越した軍事力である。

それを踏まえて実行された具体的な収奪方法は、主に三つである。「夷狄×中華」のユーラシア東部に注目すれば、一つは中国からの「歳幣（貢ぎ物）」であり、二つはタリム盆地その他のオアシス都市国家への「徴税（関税）」であり、三つは直接の「交易」である。ここにあえて「略奪」を含めていないが、歳幣や徴税は目に見えない間接的な略奪であり、歳幣・徴税のみならず交易が滞れば直接的な略奪や侵略戦争に発展する恐れを秘めているのである。しかしそれは非常時であって、むしろ常態は「絹馬交易」や「互市・関市・交市・合市」という術語に象徴される交易であった。

『周書』突厥伝には、突厥第一帝国の第四代・他鉢可汗《タトパル》が、北中国で分立する北周と北斉に対して、「南方にいる二人の息子（北周と北斉）が孝順であるかぎり、我らにどうして物資欠乏の心配があろうか」と豪語したという有名なくだりがある。とはいえこれは可汗の単なる傲慢さを表したものではなく、私見によれば、これぞまさしく前近代世界システムを体現し象徴する言葉であると理解すべきなのである。

結局、私の提唱する「前近代世界システム」とは、北方の遊牧国家側が不足する資源・財物を南方の農耕国家側から獲得する手段として侵攻・略奪と表裏一体で「歳幣」「徴税」「交易」という複数の回路を構築し、それによって吸収した資源・財貨を国内で再分配することによって国家を運営するシステムができあがったことをいうのである。そして一〇世紀以降の遼《りょう》帝国や西ウイグル王国といった中央ユーラシア型国家の段階になると、上記の三つに「農耕地帯の直接支配」と「文書行政の導入」が加わることになる。

先に「絹馬交易」の項で述べたことを敷衍《ふえん》するならば、漠北の遊牧国家側に蓄積された膨大な量の絹織物などに加えて自前で産み出す馬などの高級商品は、例えばソグド商人らの手によって東西トルキスタンから西アジア・東ローマへと運ばれ、見返りに遊牧国家側は西方産の高級商品を獲得し、それを国家経営のために再分配した。ゆえに前近代世界システムと奢侈品の交流ネットワークとしてのシルクロードは表裏一体なのであり、だからこそシルクロードという学術用語を近代にまで使うのは不適切なのである（本書四〇頁参照）。

グローバル化の始まり

農業が始まって以来の世界の歴史は、文明圏や文化圏というおおまかな地域ごとに複数の歴史があったのであり、それがグローバル化時代になって単数の歴史にまとまっていくと言われる。そしてその過渡期は、西洋諸勢力が大西洋を越えて進出していく一五／一六世紀であるとか、いやそうではなく一三世紀のモンゴル帝国時代にまで遡るのだという主張もある。

日本語で「文明の交流」というと曖昧になってしまうが、英語でコンタクト（contact＝直接的な接触）とインターコネクション（interconnection＝間接的な相互連絡）を区別する立場からは、やはり西洋中心主義に根ざす前者の見方が一般的であろう。

しかし、翻って「馬」に関する技術伝播の歴史、すなわちまずは馬車戦車の登場、次いで騎馬技術の獲得による騎馬遊牧民の登場によってユーラシア世界の歴史がほぼ同時並行的に進んだことに鑑《かんが》みれば、その背景にあったのは直接のコンタクトではなく、発想やアイデアだけの伝播を含むインターコネクションであったのではなかろうか。ならば少なくともユーラシア世界では、モンゴル時代どころか遥か以前の紀元前二千年紀から単一のグローバル世界史が成立していた、と見ることとさえ許されるはずである。

中央ユーラシアの東と西とその中間に離れて存在していた諸民族の神話や伝説に共通の要素が見られたり、第一章・1で一言だけふれた精神革命という現象が見られたのは偶然ではなく、まさにそうしたインターコネクションによるものと考える方がいいのではなかろうか。グローバル世界史の成立が言い過ぎなら、ユーラシア世界史の一体化の認識と言い換えてもよい。

2　遊牧国家とシルクロード

シルクロードの繁栄

第一章・2では、小さな領域を持つだけの都市国家に替わって紀元前一千年紀に出現してきた広大な領域国家として、西アジアのアッシリア・アケメネス朝ペルシア・パルティア、地中海地方のマケドニア（アレクサンドロス帝国）・ローマ（共和制→帝政）、インドのマウリヤ朝・クシャーナ朝、そして中国では戦国の七雄を統一した秦漢帝国を挙げておいた。これらは「③鉄器革命（遅れて第三次農業革命）　約四〇〇〇年前より」の第二段階、すなわち遅れて実現した第三次農業革命、より正確に言うと「③鉄器の農耕具の普及による第三次農業革命　約三〇〇〇年前より」という二段階を経た後に実現した現象である。つまり、鉄の武器を導入した軍事力の増強による周辺への領土拡大と、鉄の農機具による耕作地の面的拡大によってユーラシアに出現した帝国群である。

実際にこれらの帝国は同時に併存したわけではないが、最終的に西から東へローマ・パルティア・クシャーナ朝・漢帝国が並列する時代になって、最初のシルクロード繁栄期を迎えた。

騎馬遊牧民集団の登場以前にはメソポタミア～エジプト文明圏・インダス文明圏・中国古代文明圏はそれぞれ孤立性が高かったのに対し、それ以後、近代の火薬革命（銃火器の実用化）までの世界史は、そこから発展した地中海世界・西アジア世界・南アジア世界・東アジア世界という四つの巨大文明圏がそれぞれ独立した歩みをしたのではなく、これらの文明圏を結び付ける位置にある中央ユーラシアに登場した騎馬遊牧民集団の動向が常に重要な鍵となって展開してきたのである。

それだけではない。絶大な購買力が生まれた地中海世界・西アジア世界・南アジア世界・東アジア世界という四大農耕文明圏では、とりわけ支配者層・富裕層・聖職者層が自分たちの文明圏にない貴重な物、すなわち他人に見せびらかして威信を高める財物（学問的には威信財《いしんざい》と呼ぶ）をなんとしても欲しがるようになる。

歴史学はほとんど農耕・都市文明圏で生まれたものであるから、中華主義や西洋中心主義の強い歴史観に影響された近代人の眼からは、中央ユーラシアは東アジア、南アジア、西アジア、そしてヨーロッパという大農耕文明圏の外にある辺境とみなされようが、視点を変えれば、中央ユーラシアの

「周辺」にそれらの人口密度の高い巨大文明圏は位置している。

基本的には草原と沙漠を主体とする乾燥地帯である中央ユーラシアは、森林や大河などの障害物が少なく、また馬のほかにラクダ・ロバ・ラバ・牛・ヤクなど駄獣として使われる大型家畜の生育に適し、機械化以前の人類の交通を支える諸条件に恵まれていた。それゆえ、中央ユーラシアは、その「周辺」に散らばる生産力・購買力豊かな四つの巨大文明圏を繋ぐ大動脈の役割を果たし得たのである。その大動脈がネットワークとしてのシルクロードである。このシルクロードによって周辺からヒト・モノ・カネや情報が流入し、さまざまの言語・文化・宗教の渦巻く巨大な坩堝《るつぼ》となって、シルクロードを内包する中央ユーラシア自身も変容しながら周辺世界に多大の影響を与えてきた。

シルクロードの繁栄の第一期は漢とローマが併存した紀元前後数百年であり、第二期が隋唐と突厥・東ウイグルとイスラム帝国が併存した六～九世紀、そして第三期がモンゴル帝国時代の一三～一四世紀と一般的にはみなされる。しかし私はその中間期は史料が残っていないだけで、実際にはその時でもシルクロードは決して衰退していなかったと思っている。まして唐朝を決定的に弱体化させることになる安史の乱によって「七五〇年代に中国軍がタクラマカンのオアシス都市から撤退すると、陸路は徐々に衰退し、かわりに海路での旅が主流になる」という見方［ハンセン二〇一六、二二一頁］などは、まったくの思い込みに過ぎない。むしろこれ以後に唐から東ウイグルへ、絹馬交易によって膨大な量の絹がもたらされ、その絹はソグド商人によって営々と西方へ輸出されたのである。

また、五代・宋代にはもはや陸のシルクロードは落ち目になり、海のルートが主流になったという見方をする人も少なくないが、モンゴル時代でさえ海のルートがいかに危険であったかをソウル大学の金浩東《キムホドン》が指摘している［金二〇一〇］。五代・宋代にも陸のシルクロードが活発であったと私は随所で述べてきたが、ここでは斯学の分野で私とライバル視されることのある北京大学の栄新江が、つい最近の論文でも同じことを述べているのを紹介するにとどめよう［森安二〇一五、栄二〇一九］。

シルクロード貿易の本質

シルクロード貿易の本質は奢侈品（贅沢品・威信財）貿易である。この点はとりわけ家畜の輸送力に依存する陸のシルクロードについて強調されねばならない。海の船と違って、馬やラクダなどの家畜では重いものは運べないから、いきおい陸のシルクロード貿易は軽くて高価な商品、すなわち奢侈品貿易となる。奢侈品の代表は絹織物であるが、ほかにも高級毛織物・高級綿布・毛皮・絨毯、金銀器・宝玉類、香料薬品類や嗜好品など幾多の物品がある。それ以外の重要貿易品としては、重くても自分で動く奴隷と家畜がある。

奴隷というのは時代と地域によって実に千差万別であり、一概に定義はできないが、おおよそは家畜と同様、主人の所有物・財産であり、ヒトではなくモノと見なされる人間である。現代人は奴隷というとすぐさま、近代西洋人が新大陸に連行し、過酷な労働を強いた黒人奴隷を想起するだろうが、前近代ユーラシアの奴隷は、すべてが悲惨な境遇にあったわけではない。例えば中世イスラム世界ではマムルークとかグラームとか呼ばれた奴隷軍人が、権力者たる主人にとってかわり、いわゆる「奴隷王朝」を作ることさえあった。いずれにせよ奴隷は、前近代どころか近代に入ってからもコンピュータが発達するまでは世界最高の精密機械であり、前近代の軍事力の根幹である馬（場所によってはラクダ）と並び、もっとも価値のある高額商品の双璧であった。

草原都市の発生

ここでいう草原都市とは、遊牧国家側が自らの意思で建設させた都市のことである。それゆえ、北魏が漠南の内モンゴルに設置した「六鎮《りくちん》」や、西部天山北麓に作られたソグド植民都市などは含まれない。また唐が突厥を羈縻《きび》支配（間接統治）した七世紀後半に漠北のオルホン河流域に都護バリクと呼ばれる都市があったが、それはあくまで現地支配のため唐側の役人や駐屯兵を置くために唐が設置したものであった。

匈奴から突厥の時代まで遊牧国家の草原に都市は存在しなかった。匈奴が漢人に造営させた建築遺構は都市とは言えまい。遊牧民が積極的に都市を建設したのは八世紀半ば以降の東ウイグル帝国時代からである。シネウス碑文（図9）には、第二代・葛勒《かつろく》可汗＝磨延啜《まえんてつ》の治世中の七五七年、セレンゲ河畔にソグド人と漢人のためにバイバリク城を築かせたとある。バイバリクとはウイグル語で「裕福な都城」という意味であり、漢籍では「富貴城」と伝えられているが、これは遊牧ウイグル人のためではなく、外来の

図9　シネウス碑文。高さ3.6m強ある角柱の四面に突厥文字ウイグル語が刻まれている。写真は二つに折れた上端部（全体の三分の一ほど）の正面。著者撮影

ソグド人や漢人たちを住まわせるものであった。

バイバリク地区には三つの都城址が残っているが、最も残りの良いバイバリクは一辺が約二三〇メートル、あと二つはそれぞれ一辺が三〇〇メートル超と約一四〇メートルで、いずれもほぼ正方形である。シネウス碑文に言うとおり、ここに遊牧民が住んだはずはなく、これらの都城はソグド人や漢人など定住地帯からやってくる国家使節や商人や宗教伝道者の宿泊所、手工業者・農民の居住区、さらには財物を保管する倉庫として使われたのであろう。

図10　カラバルガスン遺跡の空撮。著者撮影

これに対して、遥かに規模の大きいのがオルホン河畔にある有名なカラバルガスン（図10）である。これは元来はオルドゥ＝バリクと呼ばれた可汗の宮城を含む都市遺跡であり、その規模は少なくとも四×八キロメートル（三二平方キロメートル）、大きく見積もれば五×一〇キロメートル（五〇平方キロメートル）に及ぶ。その東北寄りのところに「宮城」（図10の上半分に見える）があり、その主要部は縦横がおよそ四二〇×三四〇メートル、版築《はんちく》の城壁は雨で溶けて低くなっているが、それでもなお七〜一〇メートル程度の高さを残している。全体としての機能は、バイバリクと同じであろうが、特に堅固な城壁のある宮城には、絹馬交易で中国から大量に運び込まれた絹織物をはじめとする奢侈品・財貨を納める国庫や武器庫や穀物などの農産

物を納める倉庫が存在したことであろう［森安／吉田二〇一九］。

そしてこの宮城の内部に版築と木材で作られ、二〇メートル以上はあったと思われる高台（91頁の写真参照）の上には、イスラム史料や漢文史料が伝える巨大な「黄金のテント（金帳）」が設置された。そこが宮廷であり、国事・宴会を行なったり、支配下の諸部族の君長とか外交使節を迎えて、彼らにウイグル可汗の威信を見せつけるための儀礼空間として使われたと思われる。もちろん、戦乱が発生して敵に攻め込まれた場合には、宮城全体が要塞の機能を果たすことになっていたのである。

ただし、ウイグルの王侯貴族がこの宮城の内部に日常的に居住したとは思われず、彼らは周辺の広々とした草原にテント群を設置して、そこに居住したことであろう。なぜなら後のモンゴル帝国の首都カラコルムや上都、ティムール帝国の首都サマルカンドの例でも分かるように、遊牧国家の都市は決して支配者である遊牧民族が定住するためのものではなかったからである。彼らには日干しレンガや木材で作られた建築物より、フェルト製のテントの方がはるかに快適だったのである。支配層のテントともなれば、内装に高級絨毯や絹織物をふんだんに使う豪華なものであった。

漠北のモンゴル高原にはこのほかにも多数の都城址があるが、カラコルムなど明らかにモンゴル帝国時代に属すると判明している数例を除き、多くは東ウイグル帝国・遼朝・モンゴル帝国～元朝のいずれの時代のものか、現状ではなかなか決定しがたい。今後の考古学的発掘の進展に期待したいが、必ずや東ウイグル時代のものも発見されるであろう。私の考えでは、東ウイグル時代にいくつもの都市が出現したのは、それだけシルクロード貿易と農耕への依存度が増したからであろう。

遼朝とウイグル商人――ソグド系ウイグル人（その一）

その東ウイグル帝国のやり方を学んで継承したのが、契丹《きったん》族の遼朝である。しかも契丹の本拠地は漠南であり、中国の農耕地帯に隣接していたため、草原都市の発展にも有利であった。従来の部氏族という血縁的紐帯を打ち破り、新たな腹心側近集団を築いて契丹内部で権力を掌握した耶律阿保機《やりつあぼき》は、それを中核とする強力な軍隊によってしばしば中国北辺を侵略した。

当時の中国は、唐末～五代初期の混乱期にあったため、契丹にとって侵略は容易であり、多数の漢人を連行してきて、彼らに城郭を築いてそこに住まわせた。これがいわゆる「漢城」であり、阿保機勃興の根拠地となった龍化州や西楼もこうした起源を持っている。

しかも「漢城」に従《うつ》されたのは被略奪農民だけではない。中国国内での権力闘争に敗れた上層階級や軍人たち、戦時の苛斂誅求《かれんちゅうきゅう》に疲弊し土地を離れた農民が、あるいは個々別々に、あるいは大挙して自発的に契丹側に来投したものもかなりの数にのぼった。遼には渤海《ぼっかい》に倣《なら》った五京の制が見られるが、そのうちの上京臨潢《りんこう》府と中京大定府が草原都市であり、特に上京は阿保機時代の西楼が発展したものである。

『遼史』や胡嶠《こきょう》『陥虜記』によれば、その上京には「回鶻営《かいこつえい》」というウイグル商人の居留区があった。そしてそのウイグル商人とは、西ウイグル王国を本拠に当時のシルクロード＝ネットワークで活躍したソグド系ウイグル人なのである。紀元後一千年紀のシルクロードで大活躍したのは周知の通りソグド商人であるが、その跡継ぎがウイグル商人であった。遊牧民であったウイグル人がすぐに商人になったわけではなく、事実は西ウイグル国人となったソグド商人の後裔が、異国からはウイグル商人と呼ばれたのである。この点については本書一四四〜一四五頁も参照されたい。

一〇〇四年に北宋が遼と講和を結んだ澶淵《せんえん》の盟以降は遼へ、さらに一〇四四年の和約からは西夏へも、北宋から毎年大量の絹と銀が歳幣として贈られるようになった。今では北宋産の高級絹織物が、遼や西夏を通じて西方の西ウイグル王国やカラハン朝・ガズナ朝にまで、商品あるいは贈り物として輸送されていたことが明らかになっている（本書一六七頁参照）。

シルクロードの実態とキャラヴァン

シルクロードを通じたヒトの移動によって奢侈品というモノだけでなく、さまざまな言語・情報が行き交い、天文学・暦学・医学・薬学・製紙法・養蚕業・印刷術・音楽・舞踊・サーカスなど、ありとあらゆる文化・技術・芸術が交流した。シルクロードとは、それらのヒト・モノ・情報の動きを表す象徴としての「絹＝シルク」にちなんで付けられた雅びな名称である。

しかしながら、シルクロードの実態は決して雅びでもロマンチックでもない厳しいものである。未知への挑戦や夢をロマンと言うなら、確かにシルクロードはロマンにあふれているが、現実は苛酷な自然環境や盗賊などの横行する危険な場所の往来であり、シルクロードを通じた交易はハイリスク・ハイリターンの営みであった。盗難の実例は玄奘《げんじょう》の伝記をはじめ枚挙に暇ないが、ここではヴァレリー＝ハンセンの最新和訳本『図説シルクロード文化史』（原書房）の頁を列挙するにとどめる［ハンセン二〇一六、八一・二六三・二六四・三〇四・三〇五・三一三・三二六頁］。

榎一雄は「シルクロード国際貿易史の特質」と題して昭和六〇年正月に行なった昭和天皇への御進

講草案を残しているが、そこでは「途中の自然の厳しさ並びに人間的災害と申すべきことの存在」をシルクロード貿易の第一の特質とし、こうした困難と危険を避けるために「何十人或いは何百人かの団体を組み、数百頭の駱駝や馬に荷物も積み互いに協力して旅行の安全を計った」と述べ、このような形態のキャラヴァンを組んだことが第二の特質であるとしている。さらに第三の特徴としていわゆる朝貢貿易を挙げ、「朝貢は諸国諸民族の支配者が行なうものでありますが、実際は支配者ばかりでなく、その支配者の一族或いはその国の有力者もこれに加わり」、「利に聡い商人達がこの制度を見逃す筈はございません」と述べている［榎一九九三］。

榎はこの他にシルクロード貿易に関する論文をいくつも著しており、それらをまとめると、キャラヴァンには国家間の公的なもの（公式の使節がいる）だけでなく、朝貢の権利をお金で買った地方有力者や商人たちが編成する私的なものもあったこと、キャラヴァンの苛酷さは、断崖絶壁など道路の険悪、砂嵐、酷暑酷寒、水不足等の自然条件だけでなく、治安の乱れ、盗賊の来襲、警備の押し売り、関税の徴収などという人間的災害にも求められること、それゆえに個人や少人数の旅行者は、大規模で武装したキャラヴァンに参加するためキャラヴァンの団長に入会金を支払い、旅行中は絶対服従を誓ったという。一方、団長の方は、目的地や途中の立ち寄り先や旅程の大綱を示して団員を募り、一定数に達したところで好日を選んで出発する。団長には盗賊等の危険から団員を守ることをはじめ、おそらく取引などについての団員相互の紛争を防止する責任を負うなどの義務があった。目的地に着くと個人や少人数で参加した団員は、次の目的地に向かう別のキャラヴァンに応募して旅を続けたのである。

榎にはまた、遠隔地の商品を運ぶものと考えられがちなシルクロード貿易について、「実際はその中間にある土地の物産を別の土地に運んで売ることをより頻繁に行なった」のであるが、「シルクロードの商人の手になるそうした商業活動の記録は皆無といってよい」という重要な指摘があった［榎一九九三、三〇〜三一頁］。

しかし、「皆無」と思われたそうした商業活動の記録も、近年になって徐々に発見されてきている。例えば、まずフランスのハミルトンとドイツのツィーメが、次いで私が発表した敦煌・トゥルファン出土のウイグル語手紙文書や（第五章参照）、ハミルトンがイギリスのシムズ＝ウイリアムスとの共著で発表した敦煌出土ソグド＝ウイグル両語文書、そして吉田豊と私が共同で世に出したソグド文女奴隷売買契約文書［森安二〇〇七ａ］などは、シルクロード商人たちの遠隔地交易だけではない活発な商業活動の実態を少しずつ明らかにしている。

シルクロード貿易の過小評価批判

こうした我々が発見した新史料に対して、シルクロードにおける交易は概して小規模な地方取引だったことを示すだけの文書にすぎず、これまでおおげさに主張されてきた大規模なシルクロード交易の証拠ではないとして、シルクロード貿易そのものを過小評価する研究者もいる。その代表が最近和訳本も出たアメリカの女性研究者ヴァレリー＝ハンセンである［ハンセン二〇一六］。

しかしそうした批判は、木を見て森を見ざる議論であり、的外れである。ハンセンの批判は、ユーラシア史におけるシルクロード貿易の規模と重要性を、漢籍をはじめとするさまざまな史資料を駆使して強調してきた日中韓の研究者たちの業績を正しく理解していないのである。もし彼女が主張するように、「シルクロードの商業はおもに地方レベルの取引で、行商人が近隣の客だけを相手にした商売だった」のなら、どうしてシルクロードの各地に残る仏教寺院や石窟に壮麗な壁画が寄進され、ペンジケントのソグド商人の自宅に豪華な壁画が描かれたであろうか。自宅の応接間に壁画を描かせたり、寺院や教会に壁画を寄進したのが地方のささやかな商人であったはずはなく、シルクロード貿易で巨利を博した富裕層以外ではありえない。高価な顔料を使う壁画にはお金がかかるのである。

また紀元五〇～七〇年に紅海～インド西岸の海域で活動した無名のギリシア系商人によってギリシア語で書かれた商業指南書兼ガイドブックである『エリュトラー海案内記』第六四節には、真綿と絹糸と絹布がティーナ（＝支那）から陸路でバクトラを経由して運ばれてくる、という記事がある［蔀二〇一六］。バクトラとは旧バクトリア王国の首都で、アフガニスタン北部の都市バルフを指しており、そのシルクロードの要衝で扱われていたと明記された絹製品が、地方の商人によって細々と取引されていた商品であるはずがない。

現代人の感覚では「商業活動」というと、つい民間人主導とイメージしてしまいがちだが、この時代のシルクロードはそうではない。むしろ「絹馬交易」に代表される国家間貿易と、中国からの使節の派遣と外国からの朝貢使節団の受け入れとを通じての国際貿易が、陸上のシルクロード貿易の主流である。ハンセンは、唐政府が西域支配のために注ぎ込んだ資金としての大量の絹こそがシルクロード交易を繁栄させた主要因であったと大発見のごとく力説する。しかしそれとて日本人研究者の間ではすでによく知られており、かつての阪大の同僚である荒川正晴の論著でも詳述されたところである

［荒川二〇一〇］。

それ以外にもハンセンに反論したいところは多々あるが、紀元一千年紀のシルクロードの実態をうかがわせる記事については、当時の陸のシルクロードで最も活躍したのがソグド人であった事実と併せて、すでに拙著『シルクロードと唐帝国』でかなり詳しく紹介したし、また二一世紀初頭の欧米学界を沸騰させたラ＝ヴェシエール『ソグド商人の歴史』も影山悦子による和訳が昨年（二〇一九年）出版されたばかりなので、これ以上の言及は差し控える。

ただ、研究者の中でも誤解があるので、どうしても述べておきたいことがある。かつてのオアシス都市国家から出土した文書に見える一般住民の大半は農民や職人や兵士であって、商人の姿はたいして目立たないことや、一般住民がシルクロード貿易に「直接」関わったという証拠はきわめて少ないこと、さらに出土文書のうちの通行許可証などを見る限りは、当時のシルクロードを旅行する人たちのグループ編成はかなり小さく、わずか数人で家畜も数頭というものが多いという理由で、シルクロード貿易は中央アジア＝オアシスの現地経済にほとんど影響を与えず、中央アジア史にとってそれほど重要ではなかったとする見方がある。しかしながら、これらは偶然に出土した文書の性格を考慮しない浅薄な議論である。

上で紹介した榎説で明らかなように、道途の安全を考えれば、わずか数人で家畜も数頭という小グループが単独で行動したはずはなく、官営の大キャラヴァンに付随するなり、キャラヴァン隊長の募集する民間の大きなキャラヴァンに参加して、旅行したに違いない。キャラヴァンの規模を証明する記事は漢籍や出土文書にも極めて珍しいが、『周書』巻五〇・吐谷渾《とよくこん》伝にある有名な記事によれば、五五三年に西魏軍に襲撃された吐谷渾のキャラヴァンは商胡（ソグド商人）二四〇人、ラクダ・ラバ六〇〇頭で編成されており、一万匹以上の雑綵糸絹を運んでいた。

シルクロード貿易の本質は軽くて高価な奢侈品の貿易だからといって、奢侈品の買えない一般庶民には無縁だったかというと決してそうではない。現地にコータンの玉《ぎょく》やクチャの硇砂《のうしゃ》（塩化アンモニウム）のような特産品があればまったく問題ないが、たとえ特産品がなくても、まず多数のキャラヴァンの団員が宿泊すれば、旅館や民宿が儲かる。旅館では多くの人手がいるから雇傭が生まれる。そして旅館にさまざまな食料・燃料を供給したり交換用の駄獣を納入する農民・牧民が儲かる。馬・ラクダの装備からバッグ・水筒まであらゆる旅行用品の販売・修繕をする商人・職人が儲かる。武器を売ったり修理する商人・職人が儲かる。酒屋と薬屋が儲かる。盛り場と売春宿が儲かる。『新唐書』西域伝に「亀茲《きじ》・于闐《うてん》には女肆《じょし》を置き、其の銭を征す」とあるように、クチャ・コータンには公認の売春宿さえあった。一一世紀のガズナ朝に仕えたガルディージーがペルシア語で著した歴史書にも言及があるように、コータンの売春婦はイスラム側にも知られていた。つまりキャラヴァンの往来によって、シルクロードの通っている各地方都市のローカルな経済は必ずや潤ったはずなのである。

なおキャラヴァンの頻度や社会生活との関わりについても明確な記載はないが、それについては第五章・2で古ウイグル語の手紙より分かる範囲で言及しよう。

第四章

ソグドからウイグルへ

マニ教経典の断簡。
マニ教の生命樹と白衣白冠で書写中のマニ僧。
ベルリン、国立アジア美術館蔵

1　宗教の道

世界の宗教圏

シルクロードは「近代以前においてユーラシアの東西南北を結んだ高級商品流通のネットワークであり文化交流の舞台」であるから、当然ながら「宗教の道」でもあった。古来、宗教の伝播と遠隔地貿易商人の活動とは表裏一体なのである。だから、歴史学の立場からは、宗教に着目することで、当時の経済活動の実態や社会の変化が見えてくるのである。

「シルクロードの宗教」といえば、まず思い浮かぶのは仏教、そして近現代の中央アジアに定着したイスラム教だろう。しかし、シルクロードを通じて伝わった宗教はこの二つだけではなく、ゾロアスター教やキリスト教やマニ教といった宗教も伝播し、王侯貴族や商人たちのもとに蓄積された富によって豪華な装飾や華麗な壁画を持つ寺院や教会やモスクが次々に建立され、道中の安全をはじめあらゆることを祈って、惜しげもなく喜捨される金銭財物によってそれが維持された。

ゾロアスター教・ヒンドゥー教・道教は、それぞれイラン系諸民族（ペルシア人やソグド人を含む）とインド人と漢人に固有の宗教なので異民族への布教を目指さなかったが、仏教・キリスト教・マニ教・イスラム教はいずれも創始者がおり、布教を志向する普遍宗教なので、誕生した地から他地域へ伝播し、マニ教以外は現在まで続く世界的宗教となっている。

第二次世界大戦以降、世界のグローバル化が進みボーダーレス状態になってきて、いわゆる文明圏とか文化圏というものの区分がますます曖昧になってきた。しかし宗教と文字に着目すれば、二〇世紀前半までのユーラシア世界はおおよそ次のように区分できよう。

西から東へ見ていけば、まず二つのキリスト教アルファベット文化圏、すなわち西欧文化圏（カトリックないしプロテスタントとローマ字）と東欧文化圏（ギリシア正教ないしロシア正教とギリシア文字・キリル文字）があり、このうちの西欧文化圏が近代になって新大陸アメリカとオーストラリア・ニュージーランドにまで拡大した。次に西アジアを中心に北アフリカから東南アジア島嶼部にまで広がるイスラム教文化圏（アラビア文字と近代ペルシア文字は同じ）と、インド・スリランカから東南アジア半島部に及ぶ南アジア仏教文化圏（仏教ないしヒンドゥー教とインド系文字）がある。そしてもっとも東に東アジア仏教文化圏（仏教ないし道教と漢字）がある。世界史理解に役立つこのような文化圏の枠組みが、いつどうやって誕生したのかを探っていくと、我々は八世紀前後のユーラシア情勢に辿り着くのである［森安二〇一〇、三頁］。

北伝仏教

二世紀初頭、後漢《ごかん》王朝が天山南路のタリム盆地に置いていた西域都護を撤退させると、西トルキスタン～西北インドを支配していたクシャーナ朝の勢力がタリム盆地にまで及び、ガンダーラやバクトリアからタリム盆地に仏教が伝わった。

クシャーナ朝の支配層はイラン系であり、固有の宗教はイラン系民族特有のゾロアスター教であったが、同じくゾロアスター教を国教としたササン朝ペルシアとは違って、二世紀のカニシカ王に典型的に見られるように異宗教に寛容であり、普遍宗教として積極的に伝道する仏教を篤く保護した。さらにクシャーナ朝はシルクロードを通じて後漢ともローマ帝国とも密接に結び付いたため、中国の絹を西方に中継輸出する一方、西方からはヘレニズム文化を受け入れ、その統治下でガンダーラ美術が生まれた。それによってそれまでタブーであった仏の姿が仏像として造形化され、以後の仏教美術に多大の影響を及ぼし、西域・中国・朝鮮・日本への仏教伝播にも大きく貢献した。

仏教が西北インドのガンダーラ・カシミールや西トルキスタンのバクトリアなどから中国に伝わる途中で大きな橋渡し役をしたのは、タリム盆地のオアシス都市国家、具体的には天山南路で西域北道のカシュガル（疏勒）・クチャ（亀茲）・焉耆《えんぎ》（カラシャール）・高昌《こうしょう》（トゥルファン）、並びに西域南道のヤルカンド（莎車）・于闐《うてん》（コータン／ホータン）・楼蘭《ろうらん》などである。かつてはこのいわゆる北伝仏教は大乗仏教で、スリランカや東南アジアに伝播した南伝仏教は小乗仏教だと大別されたこともあったが、それは正しくない。

今では小乗仏教とはいわずに上座仏教とか部派仏教というが、本書では原史料の表現に従う。その代表的な一派である説一切有部《せついっさいうぶ》は、トカラ語を使うトカラ仏教の本拠地である西域北道のクチャと焉耆で盛んであり、特にクチャは小乗教学の一大中心地となった。それに対してイラン系のコータン語を話した西域南道の于闐は、早くから大乗仏教の中心地であった。五世紀初めの法顕《ほっけん》の『仏国記』によれば、鄯善《ぜんぜん》も焉耆も小乗学であるのに対し、于闐とその西方のカルガリクは大乗学、さらに西に進んだパミール山中とそれを越えたウディアーナ・ガンダーラは小乗学であったという。八世紀前半の

『慧超《えちょう》往五天竺国伝』でもほぼ同様に西域北道とパミール山中は小乗、南道の于闐は大乗と伝えるが、ウディアーナは大乗に、ガンダーラとカシミールは大小二乗に変わっている。

実際のところ、大乗学徒も僧侶の生活規則としては小乗部派の律を学ぶので、大小乗兼学というのが普通だったのである。例えばクチャ出身の鳩摩羅什《くまらじゅう》は、最初は小乗学を学んでその本場のガンダーラ～カシミールに留学し、次いで西域各地を遊学、カシュガルでヤルカンド出身の高僧に師事して大乗学を修めてクチャに帰国した。その後、クチャを征服した前秦の武将である呂光《りょこう》により中国に連行され、漢語に習熟する長い年月を経て、後秦の首都長安に迎えられた。そして国家の庇護を受けて大量の仏典を漢訳し、前期中国仏教史上最大の功労者となったのである。言うまでもなく中国・朝鮮・日本の仏教は大乗仏教である。

かつてはソグド仏教が直接ウイグル仏教に強い影響を与えたとか、そもそもインドから中国への仏教伝播にあたってソグド人が大きな役割を果たしたとかいう見方が流布していたが、今やそのような見方は私や世界的に活躍するソグド学者の吉田豊によって否定されている。特に、ソグドは古くから仏教国であり、初期漢訳仏典の翻訳者である康姓を持つ仏教僧はすべてソグド本国のソグド人で、ソグド人は二世紀から三世紀にかけて中国に仏教を伝えた主要な民族であったという日本の東洋学界に根強くあった通説は、吉田によって丁寧に論破されている［吉田二〇一〇b～一七a］。

敦煌やトゥルファンで発見されたソグド語仏典のほとんどは、漢代ではなく唐代に漢文仏典から重訳されたものであることから、ソグド人には中国に来てから仏教に帰依したケースが多いことが分かるのである。一方、初期の訳経僧であるパルティア出身の安世高・安玄とか、康僧鎧・康孟詳・康僧会などソグド人の姓を持つ仏僧たちは、バクトリアやガンダーラなどクシャーナ朝治下で仏教の盛んな土地へ行って仏教を学んだか、あるいはシルクロード商業を営む家族とともに移住した先の地で仏教に改宗したのである。それに対して、支婁迦讖《しるかせん》・支謙のような支姓の訳経僧は、通説どおり月支《げっし》(＝月氏)すなわちバクトリア出身とみなしてよい。

鳩摩羅什以外に西域やインドから中国に来た高僧や、中国からインドに向かった求法僧は枚挙に暇ないが、その多くはシルクロードのオアシスの道や草原の道を通ったのである。その代表は誰でも知っている玄奘《げんじょう》であり、彼の書き残した『大唐西域記』や弟子の手になる彼の伝記『大慈恩寺三蔵法師伝』はいずれもシルクロードの実態を知る上で貴重な史料になっている。

実はこの『大慈恩寺三蔵法師伝』には、西ウイグル王国時代の一〇世紀後半ないし一一世紀前半に翻訳されたウイグル語訳があるが、ウイグル人は仏教徒になる前の東ウイグル帝国時代にはソグド人の強い影響のもとマニ教徒となっていたので、その経緯から説明したい。

草原の遊牧民へ伝播した宗教——ウイグルのマニ教改宗

前近代においては、国家権力の基盤は軍事力と経済力である。その上に、国家の中枢にいすわる権力者にとっては、自己の権力の正当性を裏付け、その永続性を保証してくれるもの、すなわち神話(始祖説話)などの民族的伝統を含む宗教的権威が必要とされる。つまり新国家建設には武力に基づく俗的権力だけで足りるが、それを安定・永続させるには聖的権威が必要になるのである。

中央ユーラシア草原地帯の諸民族の宗教といえば、長らく原始的な自然崇拝のアニミズムか呪術的なシャーマニズムであった。そうしたなかで、最初に民族集団として普遍宗教を採用した例としては、やはり八〜九世紀の、古代ウイグルのマニ教と吐蕃《とばん》の仏教を第一に挙げるべきであろう。それに先んじて西方のゲルマン諸民族のキリスト教や東方の五胡の仏教があるが、それらはいずれも民族移動して農耕文明圏に入り込んだ後のことである。また六世紀後半の突厥第一帝国において支配者個人やそれを取り巻くごく少数の人が仏教を信仰し、外来の仏教僧侶を保護したことはあったが、それも一時的な流行に終わった。

欧米の学界では、八世紀前半の突厥第二帝国やマニ教採用以前の東ウイグル帝国でも仏教が信仰されていたとする説がいまだに根強くある。しかし、それは史料の誤解によるものであり、もはや謬説として退けられるべきである［森安一九八九ａ］。一方、パミール周辺とそれ以西に移住したトルコ系遊牧民が大挙してイスラム教に改宗していくのは、ウイグルがマニ教に改宗した八世紀後半より遅れる一〇世紀以降のことである。

八世紀中葉に東ウイグル帝国が建設され、二代目の可汗によって草創期の事業が終わると、三代目の牟羽《ぼうう》可汗は安史の乱に介入し、軍事的拡大政策を実行すると共に、「北」の草原のみならず「南」の農耕地域も視野におさめた広大な領域支配に向けて布石を打っていった。それがソグド人の取り込みとマニ教への改宗である。前代の突厥第二帝国時代からすでにトルコ人は文字を持ち、自分たちの言語を書き留める能力を獲得していたが、組織的な遠隔地商業や文書行政を運営する能力においては、ソグド人に及ぶべくもなかった。

牟羽可汗は、軍事力で統一された国家の行政機構を整え、絹馬交易などに依拠する経済を安定させるために配下のソグド人の協力を必要不可欠としたが、同時に彼らの一部がマニ教徒であったために、それに傾斜したものと思われる。当時、中央アジア・中国・モンゴリアを股にかけて活躍していたソグド人の宗教は、必ずしもマニ教ではなく、むしろ多くは固有のゾロアスター教であり、一部にはキリスト教もあり、また中国に入ったソグド人の間では仏教も盛んであった。その中で聖的権威を付与してくれる国家宗教としてウイグルがマニ教を選んだ理由は、いわば偶然であり、たまたま身近にいたのがソグド人マニ教徒だったからではなかろうか。そうであれば、東方にやって来ていたソグド人の大多数がマニ教徒であったという、いささか無理のある前提も不要になる。

2 ソグドとウイグルの接点

マニ教とは

マニ教は今や完全に滅びてしまった宗教であるが、その世界史的意義は決して小さくない。

マニ教の創始者であるマニは、二一六年、ササン朝ペルシア支配下にあったバビロニアのセレウキア゠クテシフォンで生まれたイラン人である。母はパルティア王族であり、父は洗礼運動に熱心な宗教者であった。母語はパルティア語であったが、ユダヤ教やキリスト教とルーツを同じくするセム的な宗教環境の中で育ち、普段にはアラム語（シリア語）を話していた。当時のこの地域は宗教の坩堝で、幼少より各種宗教の混じり合う環境に育ったマニは、一二歳と二四歳の時、神の啓示を受け、預言者となるべき自らの運命を自覚したという。

マニ教は、そのような出自をもつマニが、イラン民族固有のゾロアスター教、メソポタミア発祥のユダヤ＝キリスト教、ヘレニズム的なグノーシス主義、そしてインドの仏教・ジャイナ教などから学んだ思想を取り入れて創始した二元論的折衷宗教である。それゆえ天国と地獄の観念、輪廻《りんね》の概念、最後の審判、救済者（メシア）思想、三際という時代区分、出家と在家の区分、極端な不殺生主義などが混然一体となっている。

教義の中核は徹底した二元論であり、万物は光の要素と闇の要素が混じり合って出来たものと考える。その光の要素は精神であり、それが善、それに対して闇の要素が物質であり、それが悪というわけである。つまり光と闇の二元論であり、人間の場合は善なる霊魂（精神＝光素）と悪なる肉体（物質）で出来ているという。さらには人間だけでなく、ありとあらゆる動物も植物もそうだと考える。マニ教の基本原理は、善である光素を肉体より浄化して、光の天国へ帰すことである。このように徹底した二元論のもとに、極めて複雑でユニークな宇宙創造神話が展開され、それが絵画としてヴィジュアル化されたのである。（マニ教絵画の実例は本書二〇〇～二〇五頁の図27～31を参照）

マニ教の東西伝播

マニ教は、かつてはキリスト教の最大のライバルだった。キリスト教がローマ帝国で公認されるのはようやく四世紀のことであるが、当時のローマ帝国では先に入ったキリスト教を後から入ってきたマニ教が追い上げて、四～五世紀に最盛期を迎えていた。

キリスト教の教義確立に寄与した教父アウグスティヌス（西暦三五四〜四三〇年）は、青年時代はマニ教徒であった。母モニカの影響でキリスト教に改宗した後、彼はマニ教に論駁《ろんばく》する書物をいくつも発表し、歴史に名を残したのである。マニ教と対抗することで、はじめてキリスト教は自己の教義をよりいっそう理論武装し、後代のカトリックへと変容していった。

マニ教は今の世界史ではあまり評価されないが、私はベルギーの歴史家・ピレンヌの有名な言葉「ムハンマドなくしてシャルルマーニュなし」になぞらえて、「マニ教なくしてキリスト教なし」と高く評価している。最終的にキリスト教に敗れたので、歴史的評価が低いのであり、ここにも「勝てば官軍、負ければ賊軍」の例がある。しかしマニ教の思想はボゴミル派・カタリ派・アルビジョア派などの異端的キリスト教諸派の中で長く中世まで生き延びただけでなく、イスラム教の預言者論に本質的部分を供給し、イスラム教の儀礼の基礎をも構成したという［タルデュー二〇〇二］。

ちなみに、仏陀がキリスト教の聖者になっているのはマニ教の仲介によるものであるし、証明はできないが中世の聖書に見られる豪華な挿絵（ミニアチュール）とか、カレンダーで日曜日を赤字で表す風習などはおそらくマニ教の影響であろう。

一方、東方に伝道したマニ教は、西北インド〜中央アジアで仏教やジャイナ教と出会い、マニ教自身がそれらの影響を蒙っただけでなく、北伝仏教が変容・発展する上にも少なからず影響を与えたようである。浄土教の中心となる仏は阿弥陀であるが、そのサンスクリット名であるアミターバ Amitābha は「無量光」という意味であり、阿弥陀信仰が盛んになる背景に、光の宗教であるマニ教の存在があったかもしれない。またマニ没後のマニ教徒は教祖マニと弥勒《みろく》とを同一視しているが、そもそも弥勒信仰とは、西北インドを含む中央アジアにおける激しい宗教混淆の産物ではなかったか。

中央アジアから中国にマニ教を伝えたのは、学界では広くソグド人マニ僧であったと認識されているが、六九四年にやって来たマニ教団第二位の払多誕（アフタダン）は波斯《はし》国人であり、七一九年には吐火羅《とから》国（旧バクトリア）からマニ教団最高位の慕闍《もじゃ》という称号を持つ高僧が来ているから、ペルシア人やバクトリア人のマニ僧も加わっていたかも知れない。

中国には唐の則天武《そくてんぶ》后《こう》時代である六九四年に伝来したと公式の記録にあるが、最近では新たに見つかったソグド人墓の石製浮彫の検討により、それよりも一世紀は早いという説も出されている。いずれにせよ、マニ教がもっともクローズアップされるのは、八世紀後半から九世紀前半に中央ユーラシア東部の覇者となった東ウイグル帝国で国教となり、その後継国家として東部天山地方を支配した西ウイグル王国でもその状況が一〇世紀後半〜一一世紀初頭までは続いたことである。ちなみに、マニ教を国教化したのは世界史上唯一ウイグルだけである。

東ウイグル帝国時代

ソグド人とウイグル人の結び付きは、第三章・2で述べた七五七年のバイバリク「富貴城」建設の時から見られるが、次は安史の乱とマニ教の導入に際してである。ソグド人の血を引く安禄山《あんろくざん》・史思《しし》明《めい》らによって引き起こされた安史の乱（七五五〜七六三年）は、唐王朝を存亡の危機に陥れるほど深刻なものであったが、それをウイグルの騎馬軍団が救ったことにより、それ以後、ウイグルは唐に対し優位に立ち、さまざまな要求をするようになる。

そしてウイグルと結びついたソグド商人も、ウイグルの威光によって唐の主要都市に建設させたマニ教寺院を足場にして、絹馬交易をはじめとするシルクロード貿易の利益をほぼ独占するだけでなく、「回鶻銭《かいこつせん》」によって唐の国内金融にさえ大きな影響を及ぼすようになる。回鶻銭とは逐語訳すればウイグル＝マネーであるが、まだ純粋の遊牧民であったウイグル人がいきなり金融資本をあやつれたはずはなく、古くからシルクロード商業に従事したソグド人が牛耳った金融資本こそがウイグル＝マネーと呼ばれたのである。つまり実態はソグド＝マネーである。

マニ教寺院にせよ仏教寺院にせよ、当時の大寺院というのは立派な建物を持ち、貿易業・製造販売業・ホテル業・倉庫業・金融業も兼ねる総合商社のようなものだったのである。

ソグド人と漠北の騎馬遊牧民集団との親しい関係は鮮卑・柔然・高車・突厥の時代から連綿と続いてきたのであり、とりたてて珍しくはない。ただ従来と大きく異なるのは、ソグド人とウイグルとの緊密な結び付きの背景にマニ教が存在することである。

しかしソグド人固有の宗教はあくまでゾロアスター教であり、ソグド本国が仏教国でなかったと同様に、そこはマニ教国でもキリスト教国でもなかった。さほど人口が多いとも思われないソグド人の間に一体どれほどのマニ教徒がいたのか、はなはだ疑問であるにもかかわらず、東ウイグル帝国に入っていったソグド人だけが十中八九までマニ教徒であったと見なすのはきわめて不自然である。それでもなお状況証拠はすべて、ウイグルにマニ教を伝播・普及させた仲介者はソグド人であることを示唆している。ウイグル語文献に見られるマニ教用語は、ほとんどがソグド語からの借用語、あるいはソグド語を仲介としたパルティア語・中世ペルシア語なのである。ウイグルにマニ教を伝えたソグド人マニ僧は、唐代の北中国および天山南北路（東トルキスタン）の両方からモンゴリアへやって来たと思われる。

マニ教をウイグルに導入したのも、安史の乱を鎮圧したウイグル軍を率いたのも第三代・牟羽可汗《ぼうう》である。ただし牟羽可汗が安史の乱から唐を救ったのは実は結果論であって、本当は最初、唐を滅ぼすために連合することを求める手紙を送ってきた安史勢力（具体的には史朝義）の誘いに乗り、七六二年、国を挙げて北中国まで進軍してきたのである。ところがいくつもの偶然が重なって、唐朝に仕えていたトルコ人武将である僕固懐恩《ぼくこかいおん》の娘が牟羽可汗の妃になっていた。唐朝廷はこの親子のつてを頼りに僕固懐恩を使者にしたてて、牟羽可汗を翻意させるように努力した。そこでウイグルは唐王朝と安史勢力の両方に多数いるソグド人のネットワークを活用して情報収集をした結果、安史勢力から唐側に寝返るという判断をしたわけである。

学界では一般に牟羽可汗時代にマニ教は国教となったと言われるが、それは言い過ぎである。実は牟羽可汗は七七九年、保守派の反マニ勢力を結集した頓莫賀達干《トンバガタルカン》のクーデターにより、ソグド人多数を含む側近二〇〇〇人ばかりと共に殺された。そしてマニ教もソグド人も迫害される時代となるのであるが、それは長続きせず、第七代・懐信可汗の即位する七九五年までに絹馬交易に従事するソグド人は復活しており、懐信可汗（在位七九五〜八〇八年）時代にマニ教はいよいよ国教の地位を確実にするのである。

以上のことは、東ウイグル時代のことを伝える漢籍史料と漢文・ソグド文・ウイグル文の三言語で書かれたカラバルガスン碑文に加えて、次代の西ウイグル時代に書き残されたウイグル文書を重ね合わせて検討した結果、得られた歴史像である［森安二〇一五、森安／吉田二〇一九］。

西ウイグル王国時代

中央ユーラシア東部に覇を唱えた東ウイグル帝国は、西暦八四〇年に同じトルコ系遊牧民族のキルギスによって滅ぼされた。そしてウイグル人の多くは、今の新疆ウイグル自治区の天山山脈方面に逃れて西ウイグル王国を打ち立てた。その王国の半分は沙漠オアシス地帯で、モンゴルのチンギス汗に服属するまで約三五〇年間続くのであるが、最初の一〇〇年くらいはまだマニ教が国教であった。

私は博士論文［森安一九九一］でウイグルの国教がマニ教から仏教に交替していく過程を様々な史料を用いて論証したが、その交替は一〇世紀の後半から一一世紀前半にかけてゆっくりと進行したのである。つまり両者が併存した時代が少なくとも五〇年、もしかしたら一〇〇年くらいはあったのである。それ以後の二〇〇〜二五〇年、およびモンゴルの支配下に入ってから後は一貫して仏教が重んじられた。

いわゆる「四大文明」がいずれも文字の発明と切り離せなかったように、「中央ユーラシア型国家優勢時代」の幕開けにおいても文字文化の重要性は際だっている。遼・金・西夏は、契丹文字（大字）・女真文字・西夏文字の形態が漢字に極めて近いことからも分かる通り、漢字文化の影響が濃厚である（ただし契丹小字にはウイグル文字の影響がある）。しかるに東部天山地方に本拠を置いた西ウイグル王国は、領域内に唐代からの住民であった漢人たちを多数取り込み漢字文化の影響も受けたとはいえ、その影響の程度は遼・金・西夏に比べればかなり低い。

西ウイグル国人の目線は東の中国側のみならず、南は西域南道一帯からチベット、西は西部天山地方から西トルキスタン、さらにはインド・イラン方面にまで及んでいたのである。その広角的な視野は、私にいわせればソグド人の遺産なのである。ウイグル文字の雛形はまさしくソグド文字であり、ウイグル人はソグド人からマニ教と共に文字文化（文書行政などを含む）を受け取っただけでなく、ソグド＝ネットワークとも言うべき商業・情報網を受け継いだのである。それゆえにこそ、西ウイグル国人の視野は遼・金・西夏の人々よりはるかに広かったのであり、ウイグル人が仏教文化を取り入れ始める一〇世紀後半～一一世紀前半において、玄奘の『大唐西域記』や『大慈恩寺三蔵法師伝』が漢文からウイグル語に翻訳されたのである。

我が国が世界に誇る古ウイグル語契約文書研究により、「漢文→ウイグル語→モンゴル語」という文字文化伝播の軌跡が判明していたが、私は本書第五章でも論及する古ウイグル語手紙文書の書式研究により「ソグド語→ウイグル語→モンゴル語」という流れがあることを実証した。つまりマニ教と手紙書式は明らかに「ソグドからウイグルへ」受け継がれたのである。

3　マニ教から仏教へ

マニ教寺院経営令規文書

ここで取り上げるトゥルファン出土のウイグル語文書は、西ウイグル王国政府が冬の首都である高

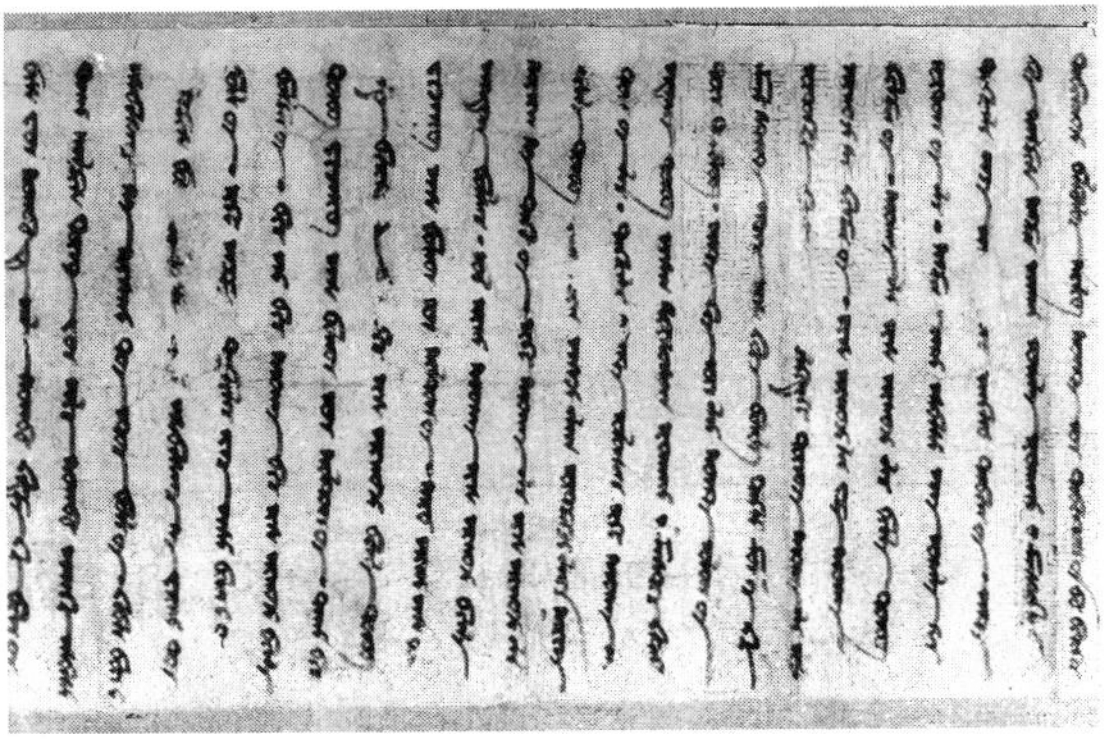

図11　マニ教寺院経営令規文書。縦書きで左から右へ行が進む。北京、中国国家博物館所蔵

昌のマニ教寺院に交付した「マニ教寺院経営令規文書」（図11）である。これはウイグルにおいて「国教」的地位を獲得したマニ教の寺院が、実際に国家からどのような優遇を受けつつ、どのように経営されていたかを今日に伝えるほとんど唯一の貴重な文書である。

この文書は、現在は北京の中国国家博物館に一級品（日本の国宝に相当）として所蔵されており、私は原物を実見した上で自分の博士論文の中で詳細に検討した［森安一九九一］。巻子本である本文書の現存部分は、長さ二七〇センチ、紙幅三〇センチである。首部は欠落しているが、内容から判断して失われた部分は相当に長大であったと思われる。残っているウイグル文は一二五行である。

本文書には縦横とも約一〇センチの大きな漢字の朱方印が一一ヵ所に押されており、それだけで本文書が公的なものであることを物語る。その印文は「(1)大福大迴鶻(2)國中書門下(3)頡於迦思諸(4)宰相之寶印」であり、全体の意味は「大いなる福をもつ大ウイグル国の、（漢語で言えば）中書門下、（ウイグル語で言えば）頡於迦思（イル＝オゲシ）たる宰相たちの宝印」ということになる。イル＝オゲシは、先行する東ウイグル帝国時代から存在するウイグルの称号 il ögäsi「国の顧問＝宰相」の漢字音写である。
つまり本文書はそのような西ウイグル王国政府中枢から発布された公文書であり、それが書かれたのは西ウイグル時代前期の一〇世紀中葉と考えてまず間違いない。西ウイグル王国の領土である東部天山地方は、高昌国時代から唐代前半まで漢人が支配していたので、九世紀中葉以降にウイグル人が支配者となってからも、統治下の住民には多数の漢人がおり、漢文はウイグル語と並んで公用語の地位を保ったのである。漢字は表意文字なので、狭いスペースに多くの意味を盛り込む必要のある印章用には便利であり、ウイグル文書にはしばしばこのような漢文の朱方印が押されている。

マニ教寺院の経営実態

マニ教寺院経営令規文書のキーワードになっているのは、イシュ＝アイグチ iš ayγučï「幹事」とフロハン xroxan「呼嚧喚《ころかん》」という二種類の職掌（役柄）の人である。
iš は「仕事、用事、用件、業務」、ayγučï は「言う人、命令や注文を出す人」の意で上は可汗の顧問から下は低級官吏まで様々なランクがあり得る。本文書の iš ayγučï は、その業務内容を見ても、また任務に支障を来せば処罰されると規定されているのを見ても、それほど高い職掌とは思われない。私は、このマニ寺の経営（寺院経済）に関わる様々な事を指図する係という意味で「幹事」と訳している。この幹事は政府から派遣された俗人の役人である。
一方の xroxan「呼嚧喚」についても、その業務内容は幹事と同様な雑務ばかりであり、また任務に支障を来せば幹事と共に処罰されると規定されているのを見ても、やはりそれほど高い職掌とは思われない。しかしこの呼嚧喚になるのはマニ教僧侶であり、一月ごとに交替する当番制で任務に就いていた。以下に幹事と呼嚧喚に関連する箇所を抽出して引用する。

〔三六～三八行〕マニ寺にあるいかなる…………業務であれ、両呼嚧喚が幹事たちと共に…………差配すべし。

〔四四～五一行〕一ヵ月間、一人の呼嚧喚が一人の幹事と共に当直となって監督をし、食事をうまく作らせよ。さらに（次の）一ヵ月にはもう一人（の呼嚧喚）が一人の幹事と共に当直となって監督をし、食事をうまく作らせよ。どの月の食事が悪くても、その月の呼嚧喚は幹事と共に禁固刑に処すべし。両呼嚧喚は両幹事と共に当直となって、ひどい料理人たちとパン職人たちを監視し続けよ。

〔八五～一〇〇行〕東西どれだけでもマニ寺に所属する園林・ブドウ園・田地は両幹事がうまく耕作させ、さらに乾田がどれだけあっても、多少にかかわらず小作にやって土地を整備させて、基本収益に達せしめよ。収益が入る土地をうまく耕作させて、収益を増やすべし。両幹事は責任転嫁し合うべからず。責任転嫁し合って業務を悪化させれば、刑罰に処すべし。

この田地・園林・ブドウ園の件に聖慕闍《もじや》・払多誕《アフタダン》・呼嚧喚たち（すなわちマニ僧側）は干渉すべからず。幹事たちが関知せよ。幹事のタガイ＝バルス財務都督への伝令小姓はクタドミッシュ

＝イゲン、幹事のクマル＝バルス＝タルカンへの伝令小姓はイル＝キョルミシュ（である）。これらの仕事を幹事たちがうまくやるなら、称賛と褒美にあずかるべし。まずくやるなら（ムチ）三百の刑に処すべし。

マニ教の教義によれば、マニ僧の食事は、植物性の食物の中にある光素を体内に取り込むという重要で神聖な行為であり、一種の宗教儀礼であるから、決しておろそかにできないのである。一月ごとに交替で呼嚧喚の任務に就いていたマニ僧の実態は、建前上は一切の生産活動を禁止され、生活に必要な食料・燃料や金品のすべてを俗信徒（マニ教団では「聴衆」という）からの供出・布施に頼ることになっていたマニ教教団のあり方に添うものである。一方、俗人たる幹事はマニ寺に住まず、国家の役人として然るべき場所に居を定めていたはずであるが、業務遂行上でペアを組む呼嚧喚と日常的に連絡を取る必要があるから、その連絡役として「伝令小姓」がいたのである。この伝令も俗人であるにちがいない。

マニ教寺院の規模

次に、本文書を政府から交付されたマニ教寺院の規模（人数）について考察してみよう。まず着目すべきは主食である小麦の消費量である。

［二六〜二八行］月ごとに両僧団の僧尼たち用に八〇石の小麦、七石の胡麻、二石の豆、三石の

粟…………食糧として取るべし。

［七三～七七行］一年分の食糧たる小麦のフスマ（麩、麦かす）は二〇〇石となる。この二〇〇石のフスマのうちより一〇〇石のフスマは車を引く牛どもに食わせよ。（残りの）一〇〇石のフスマは聖慕闍と払多誕の乗用馬どもに食わせよ。この一〇〇石のフスマはイグミシュが保管せよ。馬どもに食わせるために（飼料に）混入せよ。

毎月八〇石の小麦は一年では九六〇石となり、それを製粉した残り滓《かす》のフスマが二〇〇石となるのである。ちなみに唐代の一石は現在の約六〇リットルである。では、食用油として使われる胡麻を除いた計八五石の穀物（八〇石の小麦＋二石の豆＋三石の粟）で毎月どれだけの人数を養うことができたのであろうか。漢籍によれば、唐代一般には丁男一日の食料は米二升を基準としたから、月に換算すれば六〇升＝〇・六石となる。我々の文書と同時代の乾祐二年（西暦九四九）頃に出された「請沙汰僧人疏」では一日の僧尼の食料を米一升として計算している。これならば月にわずか三〇升＝〇・三石である。

トゥルファンのウイグル人が使用した容量単位の石斗は唐制を踏襲したものに違いないから、八五石を仮に〇・六石で割れば一四二人、〇・三石で割れば二八三人という答が得られる。しかしマニ僧には農業や商業も含めてあらゆる労働が禁止され、また一日一食という戒律もあるから、その穀物消費量は当然低く見積もるべきである。それに唐代の一石は現在の約六〇リットルであるから、〇・六石で三六リットル、これを日割にすれば一・二リットルとなる。肉体労働をしない人間にこれではかなり多過ぎよう。半分でも十分かもしれない。もしそうであれば本文書の毎月八五石の穀物で養われたマニ僧の数は優に二五〇人を超すことになる。どんなに少なく見積もっても二〇〇人近くはいたであろう。次に、メロンの消費量を見てみよう。

[七八〜八二行] ウッチ＝オルドゥにある土地（複数形）を三人の人に与えよ。（その土地を与えられた者は）一日に二〇個ずつのメロンをマニ寺に持参すべし。三〇個のメロンを大マニ寺に与えよ。三〇個のメロンを小マニ寺に与えよ。このメロンをイグミシュが集めて持参せよ。………すればイグミシュは刑に処すべし。

三人のメロン生産者が毎日二〇個ずつのメロンを供出するから、大小両マニ寺に毎日三〇個ずつ配給できることになる。

マニ教徒にとってメロンは特別に重要な食べ物であった。戒律によって肉食を禁じられたマニ僧は必然的に菜食主義者となったが、発育時に多くの太陽光を必要とするため光素を豊富に宿していると信じられた果菜が特に重んじられた。マニ僧の食事は食物の中に含まれる光素を「解放」する厳粛な宗教的行為であるから、それを多く含んでいるものほど良いわけである。その代表がメロンやキュウリ（胡瓜）などの瓜類であった。トゥルファンではこの他にブドウやスイカ（西瓜）が加わっている[森安一九九一、八一頁]。

トゥルファンやハミ名産のメロンはかなり大振りであり、かつ甘味が強く、そんなに多く食べられるものではない。毎日となればなおさらである。マニ僧は一日一食のきまりであるから、いま仮に一人が四分の一ずつ食べるとすれば、この文書にいう六〇個は二四〇人分となる。三分の一ずつでも一八〇人分となる。これは穀物消費量をもとに推測した数と近似する。

中国本土の仏教寺院でも、僧侶が一〇〇人以上いれば大寺の部類に入るのであるから、たとえ我々の令規文書の対象が大小二つのマニ寺であったとしても、その規模が如何に大きかったかが推し測られよう。これまでに旧西ウイグル領土内でマニ教寺院の存在が知られるのは、高昌 Qočo の遺跡Kと遺跡α《アルファ》とベゼクリク、ヤール Yar（＝交河《こうが》）、トヨク、トゥルパン Turpan（＝吐魯番《トゥルファン》）、ビシュバリク Biš-balïq（＝北庭）、ソルミ Solmï（＝焉耆《カラシャール》）である。

そのうちで最大なのは遺跡Kであり、我々は二〇〇七年の現地調査でこの遺跡Kが従来の報告よりさらに大規模であったことを確認したから、本令規文書の宛先はほぼ間違いなくそこであろう。これほど大規模で、かつ手厚い国家の保護を受けていたマニ教寺院としては、やはりこれ以外ありえまい。とすれば、本文書に言及される大マニ寺は遺跡Kであり、小マニ寺は必然的に同じ高昌故城内の遺跡αということになろう。なぜならば、大小両マニ寺は独立した二つの寺院ではなく、一人の慕闍に統括された一つの寺院であったと考えてはじめて、大量の穀物やメロンなどをひとまとめに計上している理由が氷解するからである。

マニ教仏教二重窟・二重寺院

八世紀末以来、約二百年にわたってウイグルの国教としての地位を保持してきたマニ教は、遂にはその地位を仏教に明け渡してしまう。ウイグルのマニ教から仏教への改宗は一〇世紀の後半から一一世紀前半にかけてゆっくりと進行していくのであるが、改宗の明確な理由は分かっていない。しかしおそらくは、西ウイグル王国では一世紀前に移住してきた支配者層より、在地で支配下に入ったトカラ人や漢人の方が人口が多く、しかもその多数派のほとんどが仏教徒であって、彼らが支配層への働きかけに努力したのが大きな要因であろう。

視野を東トルキスタン全体に広げてみれば、そこはイスラム化以前の一〇〇〇年間、特に仏教が栄えたところであり、クチャのキジル千仏洞やクムトラ、カラシャールのシクシン、トゥルファンのベゼクリクやセンギムやトヨクなど各地に仏教の石窟寺院群が残されている。また西ウイグル王国とシルクロード貿易で直結するコータン王国も河西帰義軍政権（実質的に敦煌王国）も仏教国であった。

ところがトゥルファンのベゼクリク千仏洞だけには、前後を仏教時代に挟まれたある時期、マニ教が行なわれていたことを示す確実な証拠がある。それがここに紹介するマニ教仏教二重窟、すなわち元マニ教窟の内側に日干しレンガで新たな壁面を作り、そこに仏教壁画を描いて仏教窟に改修したものである。いや、より正確に言えば三重窟である。なぜならベゼクリク石窟全体は、六～七世紀から仏教窟として開鑿《かいさく》されたのであり、その一部がマニ教窟に改修されたのは九～一〇世紀であり、その後一一世紀以降は再度仏教窟に改修されたからである。

その典型がベゼクリクの最新編号の第三八窟（グリュンヴェーデル編号の第二五窟）である。本窟がいつ開鑿されたかは不明であるが、一番最初は仏教僧侶が居住する僧坊として使われたらしく、長期間煙に燻《いぶ》された痕跡がある。それほど堅くない岩の断崖に横から穴を開けて作ったこの窟は、深さ八メートル、幅二・五メートル、床面からカマボコ型天井の頂上部までの高さが二・三メートルある。奥壁には図12〜14のようなマニ教壁画があるが、その下側はベンチないしはベッドになっている。そこに一人の人間が横たわることは十分可能である。さらにその奥壁の左下方にもっと奥の物置に通じる細い通路がある。マニ教窟はこの生活臭の強い仏教窟の全面に真っ白の漆喰《しっくい》（石灰）を塗って化粧し、奥壁（正面）と側壁の一部に壁画を描いて出来上がったものである。

図12　ベゼクリクの二重窟の奥壁にある生命樹。著者撮影

図13　二重窟奥壁にある生命樹のカラースケッチ。A. Jacovleffが1931年に作成

図14　二重窟奥壁にある生命樹のモノクロスケッチ。A. Grünwedelが1906年に作成

さらに新しい仏教窟は、このマニ教窟の真ん中よりやや前方と、奥に向かって左側から天井にかけ、日干しレンガで新しい壁をしつらえる形で作られた。右側の壁はもとの壁を薄く上塗りしただけである。この様子は裏（奥）から撮った写真（図15）で明らかであろう（裏から見ているので左右は逆になっている）。この仏教窟もカマボコ型の天井を持つが、それも含め壁面はいずれもマニ教窟に比べはるかに丁寧に仕上げられている。そこに描かれた壁画はいわゆるウイグル仏教壁画であり、一一〜一三世紀に編年される。

図15　二重窟の内部構造（奥より外側に向かって）。著者撮影

正面（奥壁）の三本幹の樹木を中心モチーフとするマニ教壁画の細部を見てみよう。幅広い葉、巨大な花とブドウの房状の果実、そしてそれぞれが二叉に分岐する三本の幹を持つ樹木が中心的モチーフであることは一見して明らかである。幹の太い喬木ではなく幹の細い灌木であるブドウの木は、よく「生命の樹」にたとえられるから、この三本幹の樹木がマニ教の「光の国（天国）」の象徴である「生命の樹」であることは疑いない。樹の根元には、半円形に近い輪郭をした水盤のように見えるものがあるが、「生命の樹」はまた「生命の水」の口に生えていたり、天国から流れ出る「生命の水」によって灌漑《かんがい》されているといわれるから、それは水鳥の遊ぶ天国の池とみなしてよかろう。

そしてその周囲には、ほとんどが礼拝のポーズを取っている人物が一二人（左右に六人ずつ）描かれている。壁面に残るウイグル語銘文を私が解読した結果によれば、三本幹をはさんで向きあっている最内側の二人が、本マニ教窟改修に財政的援助をした俗信徒のウイグル貴人夫婦であり、それ以外の天使のような翼をもつ人物や象の頭をもち腰巻を着けた人物などはみな彼等二人を見守る守護霊の集団である［森安一九九一］。

ベゼクリクにはこのような二重窟がいくつもあるが、冬の首都であった高昌故城には、マニ教寺院を仏教寺院に改修した二重寺院がある。それが先に言及した小マニ寺の遺跡α《アルファ》である。そこから出土したウイグル文のいわゆる棒杭文書の解読と別のウイグル文書の内容との比較検討によって、そこが仏教寺院に改修されたのが西暦一〇〇八年であることが判明している［森安二〇一五］。

ウイグル仏教——ソグド系ウイグル人（その二）

主に二〇世紀初頭に敦煌やトゥルファン盆地にある諸遺跡で発見された厖大な文献史料群を一括して「敦煌トゥルファン文書」と呼ぶが、そこに含まれる多数のウイグル語仏典と、トゥルファン盆地のベゼクリク・トヨク・センギムやカラシャール（焉耆）のシクシンやクチャのクムトラなどの石窟に残るウイグル風仏教壁画は、すべて一〇～一四世紀のウイグル仏教の遺産である。そのウイグル仏教は先行する説一切有部（小乗の一派）のトカラ仏教と、大乗仏教の漢人仏教を受け継ぐものであるため、輪廻には我々日本人にも馴染み深い地獄・餓鬼・畜生・阿修羅・人間・天の六道と、そこから阿修羅を抜いた説一切有部の五道とが混在していた。またインドのサンスクリット語（梵語）起源のウイグル仏教用語には、トカラ語を経由して借用されたものが大半を占めている。

　ウイグル仏教がトカラ仏教と漢人仏教の両方を受け継いだことをヴィジュアルに示す典型的な例が、ベゼクリク第二〇窟（グリュンヴェーデル編号第九窟）の構造とその壁画である。従来の研究［百濟一九九二、入澤二〇一一、森二〇一七、橘堂二〇一三・二〇一七］により判明しているのは、中堂に千手観音を本尊とする大悲変相図が描かれており、それが漢人仏教に由来すること、そして中堂を取り巻く回字型プランの回廊に隙間なく描かれている一五面のブッダの誓願図がトカラ仏教に由来することである。さらに回廊の出入口に描かれている供養比丘《びく》像も漢人（図16）とトカラ人（図17）の両者なのである。

　ベゼクリクのウイグル風仏教壁画には、王族・貴族や富裕な商人など多数の寄進者（供養人）が控えめに描かれているが、彼らの容貌は我々日本人と同じ黒目黒髪であり、顔が扁平で目は細く典型的

図16　ベゼクリク壁画に見える漢人僧侶。Le Coq, *Chotscho*, pl. 16a

図17　ベゼクリク壁画に見えるトカラ人僧侶。Le Coq, *Chotscho*, pl. 16b

図18　ベゼクリク壁画の寄進者であるソグド系ウイグル商人。Le Coq, *Chotscho*, pl. 22

なモンゴロイドである。

ところが、第二〇窟の誓願図の一部に、どうみてもコーカソイドの容貌をした商人たちが描かれている（図18、19）。これはベゼクリク壁画なのだから、これら仏教徒の寄進者は当然ながら西ウイグル王国時代のウイグル商人である。ウイグル人は元来モンゴロイドなのに、なぜこのような容貌をしているのか。私も最初は戸惑ったが、幸いにもこの疑問を解く鍵を漢文史料の中に見つけることができた。

その史料とは、一二世紀に南宋《なんそう》王朝の使者が北中国の金朝に抑留された時の見聞録である『松漠《しょうばく》紀聞』で、そこに西方からやって来た仏教徒ウイグル商人の特徴として、「髪は巻いており、目は深く、眉はきれいで濃い。まつ毛のあたりから下には頬髭が多い」というまさしくコーカソイドの身体的特徴を表す記述があった。

さらに一〇世紀以降、中国諸王朝に朝貢（実際は貿易）にやってきたウイグル商人には安・康・曹・石などソグド人特有の姓をもつ者が多いことにも気付いた。西トルキスタンのソグド本国はすでに完全にイスラム化しているのであるから、これらウイグル商人の実体は、西ウイグル国に残ったかつてのソグド商人の後裔とみて間違いない。これらの謂わばソグド系ウイグル国人たちは、この頃ま

図19　ベゼクリク壁画の寄進者であるソグド系ウイグル商人。Le Coq, *Chotscho,* pl. 28

でにはもう祖先のソグド語を忘れて、トルコ語であるウイグル語だけをしゃべっていたであろう。一二世紀のものと思われるウイグル文のトヨク碑文は、一旦は没落した仏教寺院を再興するために土地や物品を寄進する内容であるが、その中心人物は安姓のソグド系ウイグル人仏僧なのである。

マニ教から仏教への改宗という流れを受けて、前期のウイグル仏教にはマニ教の影響が色濃く見られる。特にマニ教時代からマニに比定されてきた弥勒への信仰が、最初から際立っていた。またマニ教が光の宗教であった影響により、「無量光」を意味するアミターバすなわち阿弥陀への信仰も盛んであり、仏典としてはやはり光に関わる『金光明最勝王経』や『天地八陽神呪《しんじゅ》経』が写経の対象として流行した。

さらにマニ教は一般信徒の生活の中で懺悔《ざんげ》を重視したため、懺悔に関わる仏典も流行している。もちろんそのほかにも釈迦・毘盧遮那《びるしゃな》・薬師如来、観音（十一面・千手千眼・如意輪など）や文殊・普賢・地蔵などの諸菩薩、毘沙門天・広目天・鬼子母神などが仏典奥書・壁画・布帛幡・手紙類に登場し、平安時代の日本仏教とさほど変わらない状況がうかがわれる。

鎌倉時代に並行するモンゴル帝国時代のウイグル仏教になると、チベット仏教からの影響も強く見られるようになる。そして幅広い知識を持つウイグル人が、仏教僧をはじめとする知識人や武人も含めてモンゴル政権で重く用いられたため、政治的にはウイグル人が「色目人」の筆頭となり、文化的にはウイグル文字がそのままモンゴル文字になり、ウイグル仏教がモンゴル仏教の母体となった。

興味深いのは、我々日本人が漢語をそのまま訓読し、漢字仮名交じり文を作り上げたのと同様に、ウイグル人も漢語を訓読し、表音文字であるウイグル文字の中に漢字をはめ込んで「訓読」したことである。縦書きのアルファベットであるウイグル文字列のなかに漢字が浮かんでいる様子は、まさしく日本の古写本で平仮名の中に漢字が浮かんでいるのと見紛うばかりである。

唐代の優れた漢字文化を物語る精粋は中国本土では消滅し、わずかに東方の正倉院文書と西陲の敦煌トゥルファン文書に残されたと言われる。実はトゥルファン出土のウイグル文書中には漢文仏典をウイグル文字で音写したものが相当数あり、その中に東大寺の修二《しゅに》会《え》（お水取り）で読み上げられるのと同じ漢文があるのを東大寺の森本公誠《もりもとこうせい》長老が発見したという。さらに二月堂本尊光背に線刻された千手観音と周囲の坐仏を考察し、二月堂とベゼクリク石窟の千手観音信仰は本質的な部分を共有しているという指摘もある［稲本二〇〇四］。私も驚いたのであるが、ウイグル仏教は、我々にとっても決して遠い存在ではないのである。

第五章 ウイグル＝ネットワークの活況

仏教窟の寄進者であるウイグル貴族。ベゼクリク石窟の壁画

1　古ウイグル語文書を解読する

典籍史料と出土史料

人類の歴史上、宗教とならんで人の移動を促し、断片的ではあるがさまざまな史料を後世に残してきたのは商業活動である。この章では、そうした商業活動にともなう契約文書や世俗的な手紙から、シルクロードを行きかった人々の動きや社会生活を探ってみよう。

歴史学の基礎はあくまで文字史料である。近代以前の世界史を再構成するのに役立つだけの豊富さを有する文献史料が残っているのは、東洋の漢籍と西洋のギリシア語・ラテン語文献、そしてイスラム勃興後は中洋のアラビア語・ペルシア語文献である。中央ユーラシアの歴史は、それらのいわば「外部」の典籍史料によって骨格を作られた上に、時代も地域も限定される現地語史料を活用して肉付けしていくしかないのである。

パピルスや紙や羊皮紙《ようひし》や木簡《もっかん》・竹簡《ちくかん》に書かれた現地語史料の多くは土中や石窟などから偶然に発見されるもので、発見場所は当然ながらそういうものが腐りにくい大乾燥地帯である中央ユーラシア～西アジア～北アフリカに集中している。中央ユーラシア東部の出土史料としては、スウェーデンの探検家ヘディン、イギリスのスタイン、フランスのペリオ、ドイツのルコックやグリュンヴェーデル、ロシアのコズロフやオルデンブルグ、中国の黄文弼、日本の大谷探検隊などによって発見されたトゥルファン文書・敦煌文書・楼蘭文書・ニヤ文書・コータン文書・クチャ文書・バクトリア文書・カラホト文書などが有名である。

これらは発見地ごとに付けられた文書群の名称であるが、それを言語別に分類するとガンダーラ語文書・ソグド語文書・バクトリア語文書・コータン語文書・トカラ語文書・漢文文書・ウイグル語文書・チベット語文書・西夏語文書・モンゴル語文書その他となる。本書でウイグル語と呼んでいるのは正確には「古ウイグル語」であるが、煩雑なので古を省略することが多い。

なお古ウイグル語と現代ウイグル語は基本文法にさほどの違いはないが、イスラム化の以前と以後では語彙が全く違う。極端に言えば「朝、私の馬車で教会へ行こう」が現代語では「モーニングにマイカーでチャーチへ行こう」となってしまうのであり、相互理解は困難なほど異なっている。ローマ字に転写されるのではないウイグル文字のままの古ウイグル語を直接解読できる人は日本では一〇人ほど、世界でもおそらく一〇〇人を超えることはなかろう。

ウイグル史と古ウイグル語文献の時代区分

古代のウイグル民族は、七世紀から漢籍史料に現れるが、内外モンゴリアと北中国、そして現在の新疆ウイグル自治区から甘粛省にかけての中央ユーラシア東部においてめざましい活躍を見せたのは八～一四世紀であり、それを三つに時期区分すれば、①東ウイグル帝国期（七四四～八四〇年）、②西ウイグル王国期（九世紀中葉～一三世紀初頭）、③モンゴル帝国支配下のウイグリスタン期（一三～一四世紀）となる。そして彼らは、多くのウイグル語文献を残したが、そのうち紙に書かれた文書が存在するのは第②期と第③期だけであり、それらは大まかに典籍類・文書類・碑銘類に三分類される。各種契約書や手紙類はその中の文書類に含まれ、時代はほぼ一〇～一四世紀に限定される。主な出土地は、新疆ウイグル自治区のトゥルファン盆地内の幾つもの遺跡と、甘粛省の敦煌千仏洞（莫高窟）と、内モンゴル自治区のカラホト遺跡である。

私はこれまで、宗教文献も世俗文献も含むすべてのウイグル語文献の書体を、(1)楷書体、(2)半楷書体、(3)半草書体、(4)草書体という四つのカテゴリーに分けることを提案し、かつ書体による時代判定が可能なことを主張してきた。幸い、それは学界でも承認されつつある。宗教経典や碑銘類に使われる楷書体はいずれの時代でもあり得るが、行政・軍事関係の公文書や契約・手紙などを含む私文書にこの書体が使われた例はほぼ皆無といってよい。

ウイグル語文献は、いずれの時代にもあり得た楷書体のものを除けば、書体によって次の二大グループに分けることができる。すなわち半楷書体で書かれた古いグループ（一〇～一一世紀前後）と、草書体で書かれた新しいグループ（一三～一四世紀）である。言い換えれば、半楷書体のものは西ウイグル王国時代に、草書体のものはモンゴル帝国時代に年代比定されるということである。

契約文書と手紙文書

契約文書には冒頭から末尾までほぼ一定の書式があるので、解読が比較的容易であり、この百数十年間で基本的に研究が終わっている。文字はすべてソグド文字を受け継いだウイグル文字であり、小断片を除いた約一二〇件が、『ウイグル文契約文書集成』（山田信夫著、小田壽典／P＝ツィーメ／梅村坦／森安孝夫共編、全三巻、大阪大学出版会、一九九三年）にまとめられている。

一方、手紙文書はどれも一点物であるから、本当に難解なものが多く、いまだに完全解読にはいたっていない。難しさの理由はさまざまであるが、第一はウイグル文字はわずか二十数文字の字画の単純なアルファベットであり、aとä、oとu、öとü、qとxとγは同じ字である上に、他にもよく似た文字がいくつもあるため、プロの写字生が楷書体で書く宗教経典以外の文書では、文字の判別がつけにくい。例えばa／äとnとr、q／x／γとs／šはよく似ており、ある単語の文字が良く残っていても幾通りにも読めてしまう。第二に親しい間柄の手紙では当事者だけにしか通じない「あれ、あそこ、それ、そこ」などの指示代名詞が頻用されるため、意味不明の場合が少なくない。第三は学界未知の語彙の存在である。第四は物理的理由で、便箋の破損や表面の劣化があって、文字自体が読み取れず文脈が追えないのである（図20）。

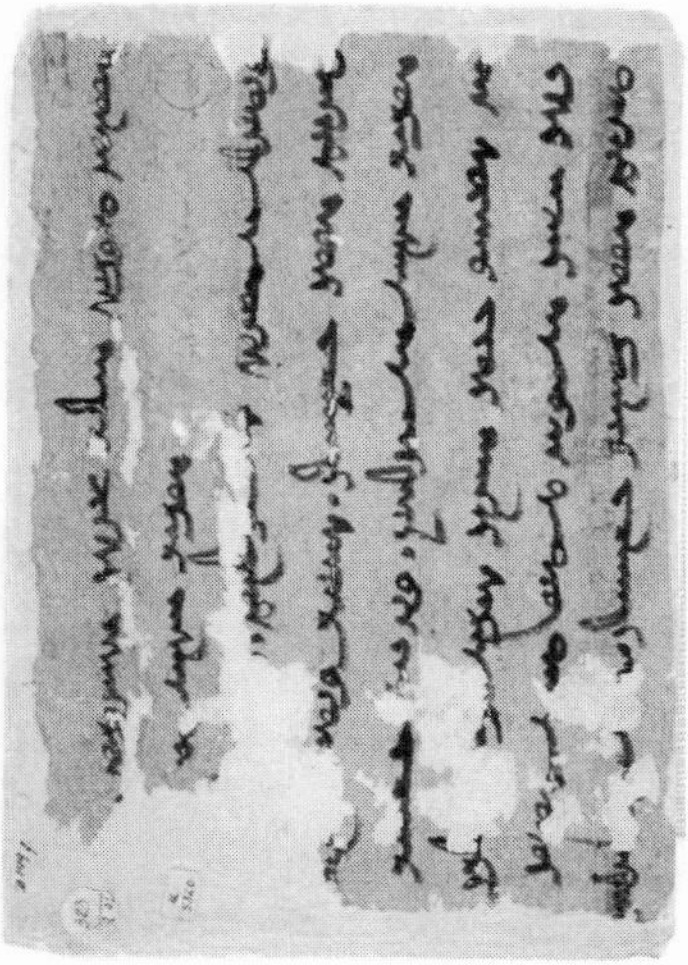
図20　古ウイグル語の手紙。左から右へ読む。ベルリン＝ブランデンブルグ科学アカデミー所蔵 U 5320

私はライフワークとして『古ウイグル手紙文書集成』の編纂を目指してきて、昨年（二〇一九年）末ようやくその英語版 [Moriyasu 2019] を出版したが、それとてまだ途中経過報告に過ぎない。私が収集できたウイグル手紙文は、小断片や草稿も含めて、約二〇〇件である。それだけの数になったのは、冒頭にだけは一定の書式があることを発見し、それを基準にして小断片を手紙と判定できたからである。突厥文字の一件を例外としてすべてウイグル文字で書かれている。

ウイグル文の手紙と契約文書は、すべてが紙に書かれており、インクは中国式の墨で、毛筆ではなく葦ペンないし木ペンが使用されている。手紙や契約文書を分析する時は、それが実物なのか草稿なのかというのも大事なポイントなのだが、それを見分ける最大の基準は、短冊状の折り跡の有無である。実物は小さく折り畳んで輸送や保管をされたため、広げると短冊状の折り跡が残るのである。

私がこれまでに明らかにしてきたウイグル宗教史の動向も踏まえてウイグル語の手紙と契約文書の全体を概観するならば、半楷書体で書かれた古いグループにおいては、マニ教徒のものが仏教徒のものより優勢であるが、草書体で書かれた新しいグループは、ほとんどが仏教徒のものであり、両者どちらにも少数ながらキリスト教徒のものが混じっている。しかし、いずれのグループにもイスラム教徒が書き残したものはまったく存在しない。商用書簡の場合は、宗教性が文面に表れないことが多いが、それでもこの傾向は維持されていると想定してよい。それゆえ、草書体のものであれば、マニ教徒に関わることは絶無であり、まずは仏教徒ウイグル人の手になるものと考えられる。

ところで序章でも述べたように、羊皮紙に比べてはるかに軽くて安い紙が中国から中央アジアのサマルカンドに伝播したのが八世紀、アラブ世界に普及するのが九〜一〇世紀、南欧イタリアに出現するのはようやく一二世紀であり、西欧ではもっと遅れる。つまりウイグル語の半楷書体の手紙や契約が書かれた時代には、西欧にはまだまったく紙がなかったのである。そういう時代にあって中国およびその周辺で普及していた紙が書写材料として安いとは言っても、それはあくまで他の文化圏で使われていた羊皮紙とかパピルスなどとの比較の問題であり、やはりそれなりに貴重品ではあった。

それゆえに、例えば次のような文言が敦煌出土の半楷書体の手紙に残っている。「君たちは全く一通の手紙も送ってくれない。どうしたのだ。沙州（＝敦煌）には紙がないのか」。さらに同じく敦煌出土である一〇世紀のウイグル語混じりソグド語の手紙にも、ソグド語で「紙を惜しむな！」と書かれている。

手紙文の基本構造

これまでに収集したウイグル語の手紙文書を、その書式と言葉遣い、本文の内容、用紙と形状、その他の情報を総合して分析すると、冒頭の受取人と差出人に関わる書式によって大きく五つに分類される。目下《めした》から目上へ向かう上行文書、目上から目下へ向かう下行文書、同等者の間でやりとりされる平行文書が基本であるが、詳細は省略する［森安二〇一一b］。その冒頭部に続く挨拶と本体部分から末尾にまで目を向け、全体をより細かく分析してみると、次のような基本構造が抽出される。

まず挨拶文言であるが、基本的な定型句の直後にマニ教徒と仏教徒の場合は独特の挨拶があり、キリスト教徒にはそれが見られない。次に受取人側の健康、差出人側の安堵、差出人側の健康に関する言葉が続いてから、手紙の本文に入っていく。ただそこにも一定の本文導入書式があり、よく使われる術語と慣用句も容易に抽出される。そして最後に結びの言葉がある。

このような構造の大枠は、あらゆる時代の他の言語の手紙とほぼ同様であるが、大きな相違点が二つある。一つは、他の言語の手紙では末尾ないしは冒頭に来ることの多い日付と発信地の記載が全くないか、稀にあっても位置が定まっていない。ウイグル文でも契約文書の場合は必ず日付が冒頭にあるのと比べ、不思議である。もう一つはマニ教徒と仏教徒による宗教的挨拶文言の存在である。

基本的挨拶定型句

手紙は遠く離れた土地から出されるのが通例であり、まずは「遠くの土地から」、またはその省略形「遠くから」で始まり、しかもそれに対句的に「近い心で」が続くことがある。両者を合わせた「遠くの土地から近い心で」という対句表現はソグド語やコータン語やモンゴル語にも見られる。その起源がどこにあったかはまだ確定できないが、少なくとも「遠くの土地から」だけならばはるか昔のメソポタミアのウガリット語や中期バビロン語にまで遡ることが指摘されている。

次に来るのが、「心を熱くし、親愛の情を込めて」、「挨拶をして」、あるいは「身をかがめて敬礼し」などという慣用句である。さらにこれらに続いて文末を締めるのが、「私（たち）は何度も御機嫌をお伺いして（手紙を）送ります」、ないしはその変形や省略表現である。さらにその敬語表現として、上行文書のみに使われる「私（たち）は謹んで何度も御機嫌をお伺い申し上げます」という言い回しがある。

ところで注目すべき点は、この基本的挨拶定型句の中に「時候の挨拶」がないことである。これは中央アジアを含むユーラシア東部最大の文化用語である漢文では、挨拶文例の中核が「時候の挨拶」で占められているのと比べて際立った特徴といえよう。実はウイグル語のみならず、他の中央アジアの諸言語、例えばガンダーラ語、バクトリア語、ソグド語の手紙にもこの「時候の挨拶」は見つかっていないのである。

ここに二つの基本的挨拶定型句の実例を挙げておこう。「遠くの土地から近い心で、無事息災をお伺いして（この手紙を）送ります」。「遠くの土地から近い心で、心を熱くし、親愛の情を込めて、挨拶を致し、我々は何度も御機嫌をお伺いして（この手紙を）送ります」。

双方の健康状況に関する慣用表現

すでに「基本的挨拶定型句」の末尾にも、「御機嫌を伺う」という文言が含まれていたが、さらに詳しく手紙の相手である受取人の健康状態に質問形式でたたみかける慣用句には、次のようなものがある。

「お元気でしょうか」。「君（たち）は如何ですか」。「君／あなたは如何ほどに平安でしょうか」。「御健勝のことでございましょう」。「彼（＝あなた）の御気分はよろしいでしょうか」。「彼（＝あなた）の御身体は軽やかでしょうか」。「あなた方は平安で息災でしょうね」。「彼（＝あなた）の御気分はよろしいでしょうか。御身体は軽やかでしょうか。如何でいらっしゃいますか」。

そもそも前近代における手紙の目的は、商業用などでない限りは、儀礼的な挨拶か安否の確認が最優先であるから、これらの慣用句が付加的に、しかもしばしば重複して、使用されたのであろう。手紙の相手を二人称ではなく「彼」という三人称で呼びかけているのは、一種の敬語表現である。

このような相手側の健康を伺う挨拶表現がひととおり終わった後に、相手側が元気であると聞いて私（たち）は喜んでいるという文言が続くことがある。相手が元気であるという情報は、遠方からのキャラヴァンでやって来た人、あるいはキャラヴァンによってもたらされた手紙などによって伝えられたもので、普通には早くて数日〜数週間、遅ければ数ヵ月前の過去の状況である。しかしそれでも、前近代の手紙においては、それを聞いて安堵したとわざわざ述べることに大きな意義がある。もちろん、このような文言は下行文書には見られない。上行文書である場合が多く、平行文書でも上行のニュアンスの強い場合に見られるのである。

次のような実例がある。なお、すでに上で引用した文例中でも使った丸括弧《かっこ》（　）は文脈から確実に補える箇所であり、これ以下で使う角括弧［　］は、原文書ではその部分が欠損しているが、他の用例からほぼ間違いなく補える箇所である。

「(手紙や風聞でこれまでは）お元気でいらっしゃったことをお聞かせいただきまして、「私どもは恐れながら」大変に歓喜いたし［ております］」。「あなたの手紙（複数）が来ました。（それらを）郵便屋のところで我々は見つけ（受け取り）ました。あなたのお元気なことを聞いて、たいへん嬉しく思ったことでした」。

前近代の手紙では、相手の健康を伺うことが最も重要な事柄《ことがら》ではあるが、それと並んで差出人側が健康かどうかを知らせることにも意味がある。差出人側が元気であるという状況を伝えても、それが受取人側に届くにはやはり相当の日数がかかったので、手紙文ではあらかじめ、こちらが元気であるのはいついつまでと明記する習慣ができあがった。そのための慣用表現には次のようなものがある。「私たちについては、この手紙を書いている時点までは、平安で息災です」。「私たちについても、こちらでこれまでのところ元気にしております」。「私は先に会った時のように、四月二三日までは平安で息災な（状態の）ままであります」。

実は「～月～日、私がこの手紙を書いている時点までは元気です」という表現は、ソグド語にあるのみならず、中世ペルシア語の手紙の書式集にまで遡るということが、指摘されている。

マニ教徒と仏教徒に独特の挨拶文言

さて「基本的挨拶定型句」と「受取人側の健康」ないし「差出人側の健康」との中間に挟み込まれる形で「宗教的挨拶文言」が入ることが、私が把握している手紙には少なくない。

マニ教徒にとって最大の関心事は、懺悔という宗教的行為によって「罪の赦し」を得ることであった。その「罪」とはすべての人間が生まれながらに持っている「原罪」と、日々の生活の中で個々人が犯していく罪の両方を意味している。ウイグル人マニ教徒にとって、この「罪の赦し」を示す術語が、パルティア語起源でソグド語を経由して借用されたカルムシューフン krmšuxun「罪の赦し」であり、罪の赦しを乞うための決まり文句がやはりパルティア語に由来するマナスタル・ヒルザ mnastar xirza「私の罪を赦したまえ！」であった。どんな小さい断片でもこの文句があれば即座にマニ教徒の手紙と分かるのである。以下に二例を挙げる。

「［私どもは］心を熱くし、親愛の情を込めて、［謹んで］何度も御機嫌をお伺い［申し上げます］。罪より赦免されますよう、［私どもは］謹んで罪の赦し（krmšuxun）を懇願致します」。「遠くから私どもは身をかがめて敬礼し、罪過を犯したことをば、（そしてその私どもの）罪過より私どもが赦免されますように謹んで御願い申し上げます。私の罪を赦したまえ！（mnastar xirza)」。

一方、ウイグル仏教徒が手紙に使った独特の表現は、サンスクリット語プニヤpuṇya「功徳・福徳」に由来するウイグル語のブヤンbuyanという術語を含むものである。この「福徳」というのは仏教徒が念仏・舎利礼拝・読経・写経・布施などの「善行」によって獲得した極楽行きのマイル・ポイントのようなもので、自分のためだけのものではなく、他の人に分けて上げられる（＝廻向《えこう》できる）のである。まさにこの福徳の廻向こそは、大乗仏教の根本であり、次に具体例を二つ挙げる。「キシル（発信者のいる寺院のある場所）にある福徳を（あなたに）廻向しつつ、私は何度も御機嫌をお伺いして（この手紙を）送ります」。「私は舎利処から何度も（あなたが）福徳の廻向に与《あず》かる者（となっているかどうか）をお伺いして（この手紙を）送ります」。

手紙本文中に使われる慣用表現

これまで縷述してきた各種の挨拶表現を締めくくる役割を持つと同時に、そこから手紙の本文（挨拶以外の主内容）が始まることを明示するのが、本題導入表現である。その典型的な文言は、「今、手紙で、私（たち）はできるだけ多くの言葉（＝用件、消息）を送りましょう」である。この表現の中核部は「できるだけ多くの言葉（＝用件、消息）」であり、その平行表現はソグド語・コータン語にも存在する。

本題導入表現に続いて、ようやく手紙の本文が始まるわけであるが、ほとんど挨拶部分のみで他の用件がない場合も少なくない。それは、現代の年賀状やクリスマス＝カードのように、挨拶それ自体が主目的（用件）の場合である。挨拶には定まった書式が多くあったのに比べ、本体部分には定まった書式はないといっても過言ではない。ここでは手紙本文中でよく使われる慣用表現を一つだけ紹介したい。

それは、手紙や進物を誰に預託したかを明確にするために、älgintä「(誰々の)手において、手にて、手から」というものである。対応する表現は、例えば敦煌出土の漢文の手紙に見られる「(在)～手上」があり、古くはガンダーラ語にも頻繁に見られるし、コータン語やソグド語でも知られている。安全保障のために手紙と贈り物ないし商品を別々のキャラヴァンで送るなり、同じキャラヴァンでも別の隊員の手に託して送付することがしばしば行なわれたことを示しており、次のような実例がある。

「カウディの手から一一七房の真珠を視認のうえ受け取れ。一通の手紙はマハ隊長の手にて、一通の手紙はヤクシチ＝オルトクの手にて(送ります)」。「エドギュ＝イゲンの手から受け取れ！」。「君はクタドミシュ＝イゲンの手によっても手紙を送ったそうですね」。

2　キャラヴァンの往来と社会生活

手紙とキャラヴァン

前近代の中央ユーラシア史におけるキャラヴァンの重要性は今さら言うまでもない。キャラヴァンとは元来ペルシア語であり、突厥語やウイグル語を含む古代トルコ語ではアルキシュ arqïš、漢語では「般次《はんじ》」という。郵便制度ができあがっていない前近代において、公の至急便なら早馬で運ばれたであろうが、普通の手紙一般は公私のキャラヴァンの隊員に預けて運ばれた。

私が集めたウイグル語の手紙では、「これからキャラヴァンが出発するので、それに委託すべく、ここに手紙をしたためました」という表現がよくみられ、しかもその対応表現がソグド語にもあることが明らかになっている。類似の表現は漢語にもあるので、相互の文化交流があったことは十分に推測されるが、どこが起源なのかはいまだ不明である。ウイグル語の実例は次の通りである。「キャラヴァンが行くので、私はそれゆえに挨拶の手紙を送りました」。「キャラヴァンがあえて急行しようとしているので、私どもはそれゆえに一通の御挨拶の書状を送りました。罪過がありませんように！」。「キャラヴァンが行くので、私どもはこの一通の御挨拶言上の書状を送ります」。

キャラヴァンの規模や編成の仕方についてはすでに第三章・2にある「シルクロードの実態とキャラヴァン」のところで、主に榎一雄説に依拠し、ハンセン説を批判する形で述べたので、ここではウイグル語の手紙より判明するそれ以外の点に論及したい。

キャラヴァンの頻度

前近代のシルクロード地帯において、キャラヴァンがどの程度の頻度で往来していたかを明確に示す史料は、まだ見つかっていない。短距離用の小型のキャラヴァンは頻度が高く、中長距離用の中型・大型のキャラヴァンの頻度は低かったと推定されるが、上に挙げた文言の実例は、ある目的地へのキャラヴァンが毎日とか数日毎に出ていたのではないことを示唆している。それでも、決して一年に一～二回というわけではなかったことが、次に列挙するような実際のウイグル語手紙文中の文言からうかがえるであろう。

「何か大きい進物があれば、私は後日のキャラヴァンにて送ろう」。「私のためには、もし西方へキャラヴァンが行くなら、一通の手紙を送れ」。「このラクダは先行のキャラヴァンで行ったばかりです」。「たとえキャラヴァンが来てもまったく手紙は届いておりません」。「今日より以後、ある評判の良いキャラヴァンを見つけたら、如何なるあなたのお言葉（ご用件）であれ、そのまま来させてください」。「//////キャラヴァンが来［ても］、まったくあなた方の言葉もない。私たちは先にキャラヴァン毎に手紙を送っている。着いていますね」。「久方ぶりの（待ち望んでいた）キャラヴァンにて、（あなた様）御自身の賢くて全能の御命令が出されたのでございますね」。「何であれ私たちからの時宜にかなった言上（＝用件、消息）があれば、キャラヴァンごとに［人を送りました］。着いておりますね。預託物（＝商品または金銭）を受け取るため、私たちは（人を）送りました」。

この他に、実際に送付された手紙ではないが、玄奘三蔵《げんじょうさんぞう》の没後まもない七世紀末頃に漢文で編まれた彼の伝記『大慈恩寺三蔵法師伝』（『慈恩伝』）のウイグル語訳には、「やって来る予定のキャラヴァンより（＝によって）送付してください」という一文があり、また近いうちにキャラヴァンのやって来ることを当然視していたことも窺えるのである。

さらにここで想起すべきは、日付のある手紙の実例である。その中から重要なものを挙げれば次の通りである。

「この手紙は八月二日に書いた手紙です」。「［私たちは］先の一七日までは平安に致しております［した」]。「私は先に会った時のように、四月二三日までは平安で息災な（状態の）ままであります」。「[私は]七月[?・]日までは、（以前に）会った時のように、元気いっぱいな（状態の）ままであります」。

ウイグル語の契約文書には必ず日付があるが、手紙には日付は稀にしか書かれておらず、あったとしてもこのように月日だけで年は明記されない。さらに吉田豊によって発表されたソグド語のある手紙文の末尾に、「キャラバンが行くので、一通の健康（を尋ねるため）の手紙が認められた。九月五日土曜日」という文言がある［吉田二〇一一b］。

これらウイグル語・ソグド語の手紙において、安否確認や発信の日付が月日のみで年が明記されていない事実からも、当事者同士には月日だけで十分だったということ、言い換えれば手紙の宛先である土地との間でキャラヴァンが一年に何度も往来することを当然の前提としていたことが見て取れるのである。おそらく多い時期には毎月ないし隔月に一回、少ない時期でも数ヵ月に一回のペースで各方向に出発したことであろう。東西あるいは南北の交通路の中継点オアシスの場合ならその二倍、十字路であればその四倍のキャラヴァンの往復があったのではないだろうか。

七世紀初めのある一年間に、トゥルファンにあった麴氏高昌国《きくしこうしょうこく》の公営市場で重量によって売買された高級商品にかけられた税金の記録簿である「称価銭《しょうかせん》」文書が残っているが、そこに記録された売買件数が四五件であることから、その一年間に高昌を経由した大がかりなキャラヴァンの数はその件数に近かろうとした吉田豊の推定［吉田二〇一一a］は、私の感覚とかけ離れるものではない。

社会生活の中のキャラヴァン

一方、トゥルファン盆地内のチクティムから出土した次のようなウイグル文契約文書は、いかにキャラヴァンが生活に密着していたかを教えてくれる［山田ほか一九九三、巻二、九〇頁］。

牛年第二月初（旬の）一日に。

私に（すなわち）ビュデュス＝トゥトゥングに、ナプチク（＝ハミ西郊の納職）にてフェルトが必要となり、アルスラン＝シングクル＝オグルよりフェルト一つを六綿布と引き換えで借り受けた。

一緒に行ったキャラヴァン（隊商）が帰還する際に、私は六綿布を返済すべく送ろう。キャラヴァンより（＝によって）送らなければ、私は毎月一綿布ずつの利息と共に正しく返済することにする。何ヵ月借用していようとも、私はまさにこのような利息と共に正しく返済する。綿布を返済する前に逃亡したならば、家族の者たちが正しく返済せよ。

立会人イゲン＝タシュ＝オグル。このタムガ印は、私ビュデュス＝トゥトゥングのものである。

この場合の綿布は、西ウイグル時代には官布（quanpu）とも呼ばれた木綿の織物であり、中国の絹布と同様、反物として扱われる高額貨幣の一種であった。明代以降の中国世界で綿布は安価な大量消費商品となるが、元代までの綿布は決して安物ではない。

ところで国家の重大事に関わる情報を素早く伝達するため早馬によって急送される手紙は別とし

て、速度は遅いがかなりの量の荷物を運べるキャラヴァンに委託して送られる手紙の場合には、手紙だけを送付するのではなく、なにかしら進物を添えるのが礼儀であり、いわば常識であった。

本章で進物と訳すウイグル語はベレック bäläk/beläk で、その原義は「包み」であり、手紙ではキャラヴァンで郵送される「小包」を指し、さらに広く「進物、贈り物」の意味となる。公的あるいは私的な「贈り物、プレゼント」を指す場合もあれば、商売上の「梱包した商品・貿易品」を指す場合もあり、その区別は文脈によって判断するしかない。そもそも奢侈品を扱うシルクロード貿易が栄えた地域における手紙普及の起源は、商品を包んだ荷物に付随する送り状《インヴォイス》に求められるのである。以下には、手紙と進物は元来からセットであることを示す実例をみてみよう。

キャラヴァンが急いで行くので、私たちはそれ（上記の用件）ゆえに（この）手紙を送りました。進物は（キャラヴァン隊員の）羅トトクのところにある。

私は粛州（＝酒泉）にいる。それゆえに、私は進物を送れなかった。進物がないと言って怒るな。何か大きい進物があれば、後日のキャラヴァンにて送ろう。

//////// 進物がないと言って怒るな！（今から）キャラヴァンが行くので、私はそれゆえに（この）挨拶の手紙を送りました。

君がこちらへ来ないので、私は怒って、それゆえに私は手紙と進物を送らないでいる。

手紙に進物が付随するのは、ガンダーラ語・中世ペルシア語・ソグド語・コータン語・漢文・チベット語・モンゴル語の手紙でも同様であり、その他の言語でもそうであった可能性が高い。『大慈恩寺三蔵法師伝』巻七にある三通の手紙のうちの一通はインドの高僧から玄奘に宛てられたサンスクリット語の手紙を漢訳したものであり、インドでさえ同じ習慣があったことが窺える。ここにその箇所をウイグル語訳『慈恩伝』から引用する。

今、私の共同の（＝我々二人の）奉献進物として一対の白い綿布を、（手紙で送る私の言葉が）空虚なものではありませんようにとて、謹んで献呈いたします。路が遠いゆえ、少ないと言って驚かないでください。私からの御願いであります。

個人的な礼物にせよ販売目的の商品にせよ、それらを梱包した荷物は貴重なものが多かったはずであるから、輸送途中で数量がごまかされたり、高級品が低級品とすり替えられるなどの損失を蒙らないよう、さまざまな工夫（安全保障）がなされたのは当然である。

その一つは、手紙と進物を同じキャラヴァンの別の隊員に託すことである。より慎重を期す場合は、別のキャラヴァンを使ったのである。その際、手紙の方には、荷物を託した人物の名前が明記される。二つ目は、進物・商品の名前と数量を明記することである。三つ目は、タムガ tamya と呼ばれる印章の使用である。キャラヴァンに託した高価な品物が途中で紛失したり、抜き取られたりする事態に備え、荷物には封泥で封をしてそこにタムガ印を押す一方、品名と数量を明記した手紙に同じタムガで押印し、両方を別送することによって、予想される事故を防ごうとしていたのである。それらのことを窺わせる表現には、次のようなものがある。

カウディの手から一一七房の真珠を視認のうえ受け取れ。一通の手紙はマハ隊長の手にて、一通の手紙はヤクシチ＝オルトクの手にて（送ります）。〈円形タムガ〉

〜〜をキルキズ（人名）より視認のうえ受け取ってください。（中略）進物をこのタムガ印章と照合して見て［受け取ってください］。

このような「調べて受け取れ、視認（チェック）したうえで受領しなさい」という表現はソグド語文書にもあり、それらと対応する漢語表現「検領」「検容」「検納」が敦煌出土の漢文文書にも見えている。

以上のように考察してくれば、当時のシルクロード世界においては、キャラヴァンの往来によって手紙がやりとりされることが、社会生活にしっかりと根付いていたことが分かるのである。

ウイグル商業ネットワーク

古代トルコ語のアルキシュ arqïš「キャラヴァン」について注目されるのは、同時代の西ウイグル王国の西隣にあったイスラム国家カラハン朝で残された二大文献の記載である。

そのうちの一つ『クタドゥグ＝ビリク（幸福を与える書）』には「キタイ xïtay（＝契丹）のキャラヴァンがタブガチ tavγač（＝中国）の商品を流布させる」とある。キタイとタブガチの使い分けに注意すべきである。タブガチはタクバツ（拓跋）の音写で元来は鮮卑《せんぴ》系拓跋《たくばつ》氏の建国した北魏を、次いで北朝・隋唐帝国を指したが、この時代は疑いなく宋朝を指している。契丹すなわち遼朝のキャラヴァンがもたらす「タブガチの商品」とは、宋の絹織物をはじめとする高級商品を指しているに違いない。

一方、カラハン朝のもう一つの文献遺産であるカーシュガリーの辞書『トルコ語アラビア語総覧』には、「キャラヴァンが遠くの土地のニュースをもたらす」とあるだけでなく、宋代の四川地方で特産となった高級絹織物の「鹿胎／緑胎」がロフタイ loxtāy として、同じく当時の高級絹織物であるジュンキム žünkim「絨錦／戎錦」と共に載録されており、カラハン朝で流通していたことが分かる。このジュンキムは、一〇世紀頃の西ウイグルで流通していたのであり、また一一世紀には契丹（遼朝）からガズナ朝のスルタンへの贈り物ともされたのである［森安一九九七・二〇一一c］。

このように中国産の高級絹織物を表す特殊な術語がカラハン朝にまで伝えられ、流布していた事実は、宋から遼（契丹）へ、そして天山地方の西ウイグル王国、ないしは河西回廊を押さえていた甘州ウイグル王国・敦煌王国（河西帰義軍政権）・西夏王国などを経由するキャラヴァン貿易が盛んであったことを想定させずにはおかない。もちろん、この想定は漢籍史料からも確かめられるが、さらに近年、遼代の王族・貴族の墓から発掘されたイスラム風ガラス器のいくつかが、化学的分析により西アジアではなく中央アジア産であると判明したことによって補強される。

ウイグル語の手紙や契約文書だけでなく、すでに出版されている仏教・マニ教関係の古代ウイグル宗教文書（特にその序文や奥書）にも、ウイグルの商業活動や文化交流を示唆するものはいくつも見られた。それらすべてを踏まえて我々は今、一〇世紀後半から一一世紀中葉までのウイグル＝ネットワークの範囲をおよそ図21（次頁）のような地図で表すことができる。

このようなウイグル＝ネットワークの広がりを踏まえてはじめて、ウトレトというあるウイグル仏教徒の懺悔告白文に、次のような文章表現がある意味が理解できるのである。

私ウトレトが、前世より現世にいたるまで、寺院や僧房や清浄な場所で、（中略）、寺院に属する財物を取って運用して、そのお返し（報酬）を与えなかったのならば、あるいは売買（商取引）の折に天秤《てんびん》や尺度や升目を策略でごまかして、少しだけ与え多くを取ったのならば、（中略）、町から町へ地方から地方へ国から国へスパイとして歩き回ったのならば、（中略）、私は今すべてを後悔し反省する。

これは仏典に付された奥書の一部であるが、その奥書全体はマニ教の影響を色濃く残す初期ウイグル仏教文献に分類されるものであり、これまでの論著で私が積み重ねてきた考証によれば、一〇世紀後半〜一一世紀前半に年代付けられるのである。このような懺悔告白文には一定の書式があったと思

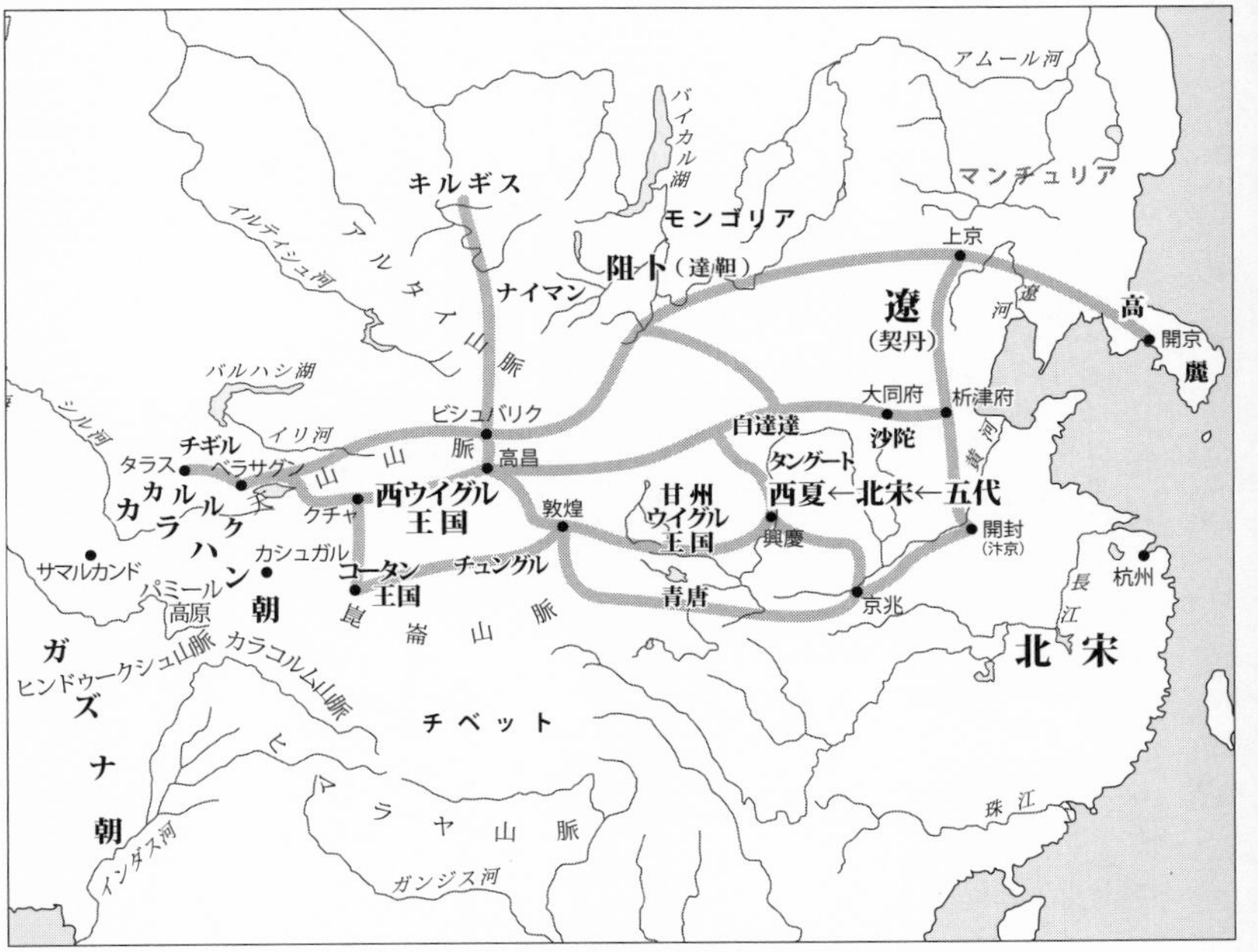

図21　ウイグル＝ネットワーク（10世紀後半〜11世紀中葉）

われ、それは当時のウイグル社会では商取引の際に重さ・長さ・容量などの計量をごまかす行為が横行するほどに交易が盛んであったことを示唆している。

ここで浮かび上がってきたウイグル＝ネットワークという交易圏は、東部天山地方にあった西ウイグル王国を中心に、東は遼（契丹）〜宋朝、南は河西帰義軍政権（敦煌王国）〜コータン王国、西は西部天山北麓のアルグ・タラス地方、東北はモンゴル高原までを含むもので、充分に広大な範囲だと考えている。つまりシルクロード地帯＝前近代中央ユーラシアの東半分に相当している。それはハンセンが言うような「小規模な地方取引」（二一三頁）などではまったくないことが分かるだろう。

銀とルビー

西アジア世界で古くから使われていた金貨・銀貨は、玄奘が旅行した七世紀前半までには陸と海のシルクロードを経由して、中央アジアから河西回廊（甘粛省）に、そしてインドから嶺南（広東省〜ベトナム）にまで流通するようになっていた。しかし長らく銅銭経済圏を築いてきた中国本土に金貨・銀貨が根付くことはなく、金銀は主に金銀器や仏像・仏具や各種装飾品の材料などとして利用され、唐代からは金餅《きんぺい》・銀餅や金錠・銀錠《ぎんじょう》という地金（インゴット）の形で賞賜や賄賂・進奉、あるいは税物・貢納を地方から中央へ送る際の軽貨（庸調銀《ようちょうぎん》・貢銀《こうぎん》など）、さらには外国へ和親策として贈る「歳幣《さいへい》」などとして広く使用されるようになった。

特に北宋から遼朝・西夏に毎年贈られた歳幣は、世界史の教科書でも言及されるほど有名である。そして金朝・南宋並立時代を経てモンゴル帝国・元朝になると、漢字銘文の刻まれた銀錠（次々頁の図22参照）が高額貨幣として西欧・南欧を除くユーラシア全域に流通するようになるのである。

一二世紀半ば以降、西ウイグル王国は、西隣にあったカラハン朝を制圧して成立したカラキタイ（西遼）による緩やかな間接支配を受けていたようである。しかるにチンギス汗が東方から勃興してくるという情報を察知すると、いち早くその傘下に入ることを決断し、カラキタイから派遣されていた代官を殺害して、すぐさまモンゴル側に使者を遣って報告した。そのため、ウイグル王はチンギス汗の四人の息子に次ぐ五番目の息子という地位を与えられ、ウイグリスタンを本領安堵された。

それゆえ西ウイグル時代の高度な文化がそのまま保存されただけでなく、ウイグル人たちは准モンゴルともいうべき「色目人」の筆頭となり、拡大し続けるモンゴル帝国の中で文武両面にわたって顕著な活躍をするようになる。

前章・3で言及したように、文化面ではウイグル文字がそのままモンゴル文字になり、ウイグル仏教がモンゴル仏教の母体となる。つまり、かつて東ウイグル帝国においてソグド人が果たした役割を、モンゴル帝国ではウイグル人が担うことになるのである。なお学界にはいまだに、「色目人」の中心はイスラム教徒の「回回人」だという旧説が根強く残っているが、モンゴル時代に色目人の筆頭であるウイグルは主に仏教徒で一部がキリスト教徒（東方シリア教会、旧称ネストリウス派）、それに次ぐオングートとカルルクも多くが同じ宗派のキリスト教徒であったことに注意されたい。

次に紹介するのは、モンゴル時代のウイグル商人が残したトゥルファン出土の契約文書であり［森安二〇一五］、そこに高額貨幣としての銀錠が現れている。銀錠はモンゴル帝国の領域となった中国からモンゴリア、ウイグリスタン（旧西ウイグル領）を含む東西トルキスタン、ペルシアを中心とする西アジアからロシアにまで流通するようになった。そのため、最高額の貨幣単位となった約二キログラムの銀塊を指す漢語の「錠」が、モンゴル語ではスケ süke、ウイグル語ではヤストゥク yastuq、ペルシア語ではバーリシュ bāliš と呼ばれた。スケは「斧」、ヤストゥクとバーリシュはいずれも「枕」の意味であるが、それは約二キログラムの銀錠（図22）の形が斧や枕に似ていたからである。

犬年第一〇月初旬の八日に。

図22　元朝発行の銀錠の実物（重さ約2kg）

私サディの共同出資者であるアダク＝トトクのところにある三バキル（重量単位baqïr）のルビーを、私サディが東に西に商売に歩き、一〇〇錠（で売ること）に私たちは決定した。

一〇〇錠に達すれば、五〇錠分の財物（通貨用織物）を、私サディはアダク＝トトクにもたらし与える。一〇〇錠に達しなければ、まさにこのルビーを持ち帰り、私は返却する。

立会人ウルズ、立会人ソマチ。このニシャン印（略花押）は、私サディのものである。

私ヤラク（書記）がサディに口述させて（本証文を）書いた。


重量単位としてのウイグル語のバキルは漢語の「銭」に対応するもので約四グラムであるから、このルビーの重さ三バキルは約一二グラムすなわち六〇カラットである。それではその売価として設定された銀錠一〇〇錠すなわち銀塊約二〇〇キログラムの価値は、どれくらいになるだろうか。

近現代では銀の価格が暴落したため今の金銀比価は全く参考にならないが、前近代のユーラシアにおける金銀比価は一対一〇前後で、差が大きい場合でも一対一三くらいであった。そこで銀の値段の計算に当たっては、現在の安い銀価格をそのまま流用するのではなく、金の一五分の一とみなすこととする。

私が初めてこのルビー取引契約文書を研究していた二十数年前にある宝石商に問い合せたところ、金一グラムは一三〇〇円、上質ルビーの値段は一カラットで約五〇万円であった。最近改めて尋ねてみたところ、金はなんと一グラムで四〇〇〇円以上に高騰しており、一方のルビーの値段は、最高級品は天井知らずであるが、上質なものはやはり一カラットで五〇万～一〇〇万円くらいとみてよいという。そこで計算をしやすくするため、いま仮に金一グラムを三〇〇〇円とし、銀一グラムはその一五分の一の二〇〇円として計算してみよう。そうすると銀二〇〇キログラムは四〇〇〇万円となる。一方、ルビーの方は六〇カラットで三〇〇〇万～六〇〇〇万円になる。試算の数字はあくまで参考にすぎないが、その結果に大きな齟齬はないどころか、むしろ不思議なくらいうまく対応しているのではないだろうか。

ウイグル語手紙文研究のまとめ

私が集めたマニ教徒と仏教徒の手紙には、純粋に営利目的の商業活動なのか、それとも各教団のために奢侈品を入手しようとしているのか判然としないものが少なくない。それはおそらく宗教教団も奢侈品を必要としたことと関係があるのであろう。異国の珍しい香料を焚《た》かない儀式や、異国の珍品で身を飾らない僧侶など、ありがたみが薄れてしまうからである。それゆえにシルクロード地域においては、公私の世俗的威信財のみならず、高価な宗教的儀礼用必需品（僧侶の衣装、式場の装飾品、焚香料、菓子、アルコール飲料など）の需要も遠隔地商業を活発化させる大きな要因となりえた。それでもシルクロード貿易はあくまで奢侈品貿易であるという原則からはずれることはない。

人の移動こそが文化交流や新しい文化の勃興を促進する。前近代社会にあって、人の移動を容易にしたのは商業と宗教活動である。しかも往々にして両者は緊密に結び付いていた。その結果、宗教経典類のみならず世俗的な手紙文や契約文書の書式の中に、異民族間の文化交流の跡が刻印されることにもなった。ここに異言語で残された同種の文書書式を比較研究する意義がある。

中央アジアのウイグル文契約文書の書式研究については、すでに相当の研究蓄積があり、その主流が「漢文→ウイグル語→モンゴル語」だったことが判明している。それに対して手紙文の書式については、比較研究はまだ不十分であるが、これまでに判明した概略を述べれば、ウイグル語の手紙にはソグド語の手紙書式からの圧倒的な影響が見られ、また部分的にはウイグル語がモンゴル語に影響を与えたことが分かっている。それゆえ手紙書式の大きな流れは、「ソグド語→ウイグル語→モンゴル語」であると考えられる。それは「ソグド文字→ウイグル文字→モンゴル文字」という流れとぴたりと符合する。手紙がキャラヴァンで運ばれることは、ウイグル語の手紙の中の文言から分かるだけでなく、ベゼクリク出土のソグド語の手紙にも明言されている［吉田／森安二〇〇〇］。

手紙の書式が定型化していること自体、それだけ手紙のやりとりが頻繁であったことを示している。つまり、それだけ交通が活発であり、従って商業活動も盛んだったことが推測される。実際、一〇件以上のまとまった数が中央アジアから出土しているのは、ガンダーラ語・バクトリア語・ソグド語・ウイグル語・チベット語・漢語の手紙群であるが、そのいずれにもかなりの頻度で商業関係の用語や文言が認められるという事実は、その推測が誤りでないことを雄弁に物語っている。

第六章

シルクロードと日本

マニ像絹絵（部分）。大阪、藤田美術館蔵

シルクロードと日本との繋がりを、今更ことさらに取り上げるのはおかしなものである。なぜなら青銅器も鉄器も車輪も、あるいは馬も仏教も粉食文化も、中央ユーラシアのシルクロードによって中国にもたらされ、さらに朝鮮・日本に到達したものだからである。前近代の日本文化は、稲作と発酵食品と漢字文化を中国から受け入れた以外、ほとんどがシルクロードの恩恵をこうむってできあがったのである。

1　シルクロードの終着点

仏教の日本伝来

シルクロードを通って伝播したさまざまな宗教のうち、中央ユーラシア世界の半分以上、すなわち中央部から東部までと、日本も含む東アジア世界にとって最も重要なのは、インドで生まれた仏教である。

陸のシルクロードには「草原の道」と「オアシスの道」がある。草原の道に当たるモンゴルやチベットは今でも仏教文化圏であるが、オアシスの道が通り、かつて中国から「西域」と呼ばれたアジアの最も奥深い中央アジアは、今はトルキスタンと呼ばれるようにトルコ人中心の世界であり、しかもイスラム教文化圏である。しかしこの西域こそが、インドから中国に仏教が伝わった仲介地であっただけでなく、大乗仏教が育てられた揺籃《ようらん》の地であり、我が日本の仏教とも深い繋がりがある。

しかし、仏教が日本に伝わったのは、中国からではない。六世紀中葉に百済《くだら》の聖明王から日本に仏像と仏典が贈られ、六世紀末から活躍する聖徳太子の師匠が高句麗《こうくり》出身の高僧だったように、朝鮮半島を経由してきたのである。仏教寺院の建築様式が朝鮮半島に由来するだけでなく、最近では「てら」という日本語さえ漢語の「刹《さつ》」が朝鮮語を経由したものであるという説まで出されている。その是非はともかく、それまでは日本独自の権力の象徴であった古墳に代わって、外来の仏教寺院が権力に権威を加えるものとなって、全国に普及していく。

ところで我々は、日本の原風景というと、どんなものを思い浮かべるだろうか。田舎や古い町の夕暮れ時、なじみのお寺の鐘がゴーンと鳴り、カラスがカアカア鳴いてねぐらへ帰っていくというのは、日本の原風景の一つであろう。

しかし、和歌には奈良に係る枕詞として「青丹《あおに》よし」があるように、かつて奈良や難波に飛鳥寺《あすかでら》や法隆寺《ほうりゅうじ》や四天王寺《してんのうじ》など最初期の仏教寺院が建った時には、屋根瓦は濃い青色、柱は朱色、格子窓は鮮やかな青緑色の建物であり、仏像も身体は金色、頭髪は群青色、唇は真っ赤という調子で、お寺の内も外もケバケバしたものであって、今の日本人の美意識とはかけはなれていた。当時の人は、まずヴィジュアル的に大陸から伝わった先進文化に圧倒され、その中味にも関心を示したことであろう。そして仏教を通じて、インドのお釈迦様の教えだけでなく、中国・朝鮮の先進文化が堰を切ったように流入する舞台ができあがったのである。

もちろんそれ以前に中国大陸ないし朝鮮半島からの渡来人（帰化人）によって、漢字を使う文字文化は入ってきていた。五世紀の有名な銘文入りの鉄剣や、各地で出土する硯の遺物がそれを物語る。しかし組織的に流入したのは仏教伝来以後といって過言ではない。それからの日本史は、漢字と漢文による仏教文化を抜きにしては語れない。蘇我《そが》氏と聖徳太子らが物部《もののべ》氏を打倒して、仏教が飛鳥・奈良時代に鎮護国家の国教となって以後、日本文化からインド生まれの仏教を抜き去ることは、例えば一七〇〇年前の紀元四世紀以降のヨーロッパ文化から西アジア生まれのキリスト教を抜き去ることと同じで、それ抜きではどちらの歴史も成立しない。かつては外来の宗教・文化であったものが、長い時代を経て、それぞれの地域の土台となっていったのは、日本もヨーロッパも同じである。

当時の仏教は単なる宗教というより、医学・薬学・天文学・暦学などの自然科学まで包摂する学問の集大成であり、仏教文献は最先端の知識の宝庫でもあった。日本最古の大学である種智院大学の前身が空海《くうかい》の創設した綜芸種智院《しゅげいしゅちいん》であり、比叡山延暦寺《ひえいざんえんりゃくじ》が学僧を輩出したのもそのためである。

「胡」はイランでもペルシアでもない

シルクロードを通じて中国・日本に伝わったさまざまな産物や文化には、「胡」という文字が付くものが多く見られる。例えば胡麻《ごま》・胡椒《こしょう》・胡桃《クルミ》・胡瓜《きゅうり》・胡餅・胡瓶《こへい》（水差し）・胡粉《ごふん》（白色顔料）・胡座《あぐら》・胡弓《こきゅう》・胡床（一人用の折り畳み式椅子、もしくは君主用の大型幅広椅子）などである。しかし、この「胡」という言葉ほど、世間でも学界でも長らく誤解されてきたものはない。

漢語の「胡」は紀元前は中国北方の遊牧民、とくに匈奴《きょうど》を指したが、紀元後は徐々に西方のオアシス都市国家の人々を指すようになり、隋唐時代までには北方遊牧民より西方の農耕都市民を意味する割合が高くなった。もちろん北方の遊牧民を指す古い用法も残っていることには注意せねばならない。

ところが一九世紀に近代史学が生まれ、二〇世紀前半になると、「胡」とはイラン人、とりわけペルシア人を指すのだという解釈が学界にも巷間《こうかん》にも蔓延してしまった。その背景に、欧米と日本の東洋史学界でそれぞれ屈指の古典的名著となった戦前の二冊の書籍の存在がある。

それはアメリカの博物学者B＝ラウファーが一九一九年に出版した『シノ＝イラニカ』（英文）と、我が国の史学界では随一の名文家として知られた石田幹之助《みきのすけ》が一九四一年に発表した『長安の春』である。そして戦後に、これら両書の影響を強く受けたE＝H＝シェーファーが『サマルカンドの金の桃　唐代の異国文物の研究』（英文、一九六三年）を発表し、そこで「胡人」をWesterner「西方人」としながらも特に「イラン人」を指すと述べたのである。

実は『長安の春』を丁寧に読めば、「胡」は北方系でも西方系でもあり得るとしつつ、特に胡旋舞《こせんぶ》などの「胡」はソグドに特定して良いとさえ述べている。にもかかわらず別の箇所では「胡姫《こき》と云へば（中略）ソグディアナ・トカーラ等の諸地から入つてゐた舞女などと共に、大体之《これ》をイラン種の女子と見るのが至当であらう」とか、「当壚《とうろ》の胡姫亦西土イランの方面より到れる歌妓・舞女の輩と見るに於いて特別の支障もなからう」とまとめてしまった。

さらに石田は戦後の一九五〇年代になって「飛鳥奈良両朝時代とイラン文化」、「長谷寺の千仏多宝仏塔銅板に見えるイラン的要素に就いて」、「我が上代の文化に於けるイラン要素の一例」という論文を次々に発表したため、「胡はイラン」という誤解が学界にさえ拡散されていった。そうした学界の影響は、一般向けの小説やジャーナリズムにも及び、例えば松本清張《まつもとせいちょう》の古代史に関する著述などを通じて、「胡」をペルシアとする説が広く流布していった。

こうして、正倉院《しょうそういん》御物《ぎょぶつ》にはペルシアの影響が色濃く見られるという俗説が一般化し、伎楽面《ぎがくめん》の酔《すい》胡王《こおう》・酔胡従《すいこじゅう》はコーカソイドであるペルシア人の容貌を表しており、唐詩に詠まれる胡姫とはペルシア人女性だという解釈が、根強く広まった。

しかし、「胡」を無差別にペルシアとするのは大きな誤解である。確かにペルシア語はイラン語派の西方方言の一つであり、ソグド語は東方方言の一つである。しかしペルシア人とソグド人は同じイラン語派に属するといって区別しないなら、それはゲルマン語派に属するドイツ人とイギリス人を区別しないのと同程度の暴論である。

それに対して私は、学術論文［森安二〇〇七ｂ］において、「唐代の胡はソグド」である場合が圧倒的であることを論証し、東洋史学界ではほぼ受け入れられた。しかし、まだ中文・国文学界や江湖《こうこ》の読書人にまでその認識が行き渡っているわけではないので、ここにその論証の一端を披露したい。

なお、その論証の中心となるのは、唐から平安日本に将来された字書『梵語雑名《ぼんごぞうみょう》』と「蕃漢対照《ばんかんたいしょう》東《とう》洋地図《ようちず》」という史料である。このような貴重な文献が、大陸では消え失せてしまったのに、我が国へは遣唐使や遣唐僧によってもたらされていたという事実も、シルクロードが日本にまで届いていた何よりの証拠となっているのである。

インド語漢語対訳字書

玄奘がインドへ仏法を求める旅をした唐の初め以降、インドと中国との文化的交流は飛躍的に増大した。先述したように、当時の最先端の知識の宝庫でもあった仏教文献は梵語で書かれていたため、それを学ぶことが必須になった。唐代にいくつもの梵漢辞典すなわち梵語漢語対訳字書が出現したのは、当然と思われる。梵語とは、厳密には標準化された聖典言語であるサンスクリット語をいうのであるが、実際の仏教梵語文献にはサンスクリット語だけでなく、俗語であるプラークリット語（ガンダーラ語やマガダ語やパーリ語など）で書かれたものやプラークリット語彙が多数含まれている。それゆえここでは梵語をインド語ということにする。

さて、中国本土では、このようなインド語漢語対訳字書の類はいつしか散佚《さんいつ》してしまった。ところが人類文化史にとって真に幸いなことに、そのようなインド語漢語対訳字書のうちでも貴重な、インド語部分が悉曇《しったん》文字（梵字、ブラーフミー文字）で表記されているものが数種類も日本に残っていたのである。もちろんそれらを将来したのは、遣唐使と共に日本から唐に渡った仏教僧たちである。そのなかでもとりわけ注目されるのが、悉曇文字に加えて片仮名表記まである『梵語雑名』である。『梵語雑名』の編者は、西域のクチャ（亀茲）出身のトカラ人で、多数の言語に習熟していた利言（礼言）という人物である。彼はクチャにやって来たインド人の学僧・法月のもとで仏教を学び、七三〇年に師匠が、時の安西節度使の推薦を受けて入朝することになったのに伴い、中国本土にやって来て、持参したインド語医薬書や仏典の漢訳に従事した。七四一年に師匠がインドに帰国するのに従って西域を旅するが、師匠が途中で死去したので、利言は故郷であるクチャに戻った。

その後、利言は、七五四年に再び中国本土に向かうことになった。当時、涼州（武威）では河西節度使に招かれたインド人密教僧の不空《ふくう》が訳経事業に従事しており、それを助けるために召喚されたのである。それからの彼は不空の片腕となり、七五五年に勃発した安史の乱鎮圧のための法会《ほうえ》や訳経事業などに活躍した［中田二〇一二］。利言が『梵語雑名』を編んだ時にはすでに安史の乱は終わっているから、その成立は八世紀後半と断定してよい。

こうした梵漢辞典は、当時の中国本土に流布していたはずで、『梵語雑名』のほかにも義浄《ぎじょう》（撰）『梵語千字文』や『梵唐消息』などが日本に伝来している。また慈覚大師・円仁《えんにん》が唐より持ち帰った書物の目録『入唐新求聖《にっとうしんぐしょうぎょう》教目録』には多数の梵漢対訳仏典と共に『梵語雑名』一巻や『翻梵語』十巻が著録されている。さらに中国から輸入された漢籍を列挙した藤原佐世《ふじわらのすけよ》『日本国見在書目録《にほんこくげんざいしょもくろく》』（九世紀末の編纂）には『波斯《はし》国字様』一巻、『突厥語』一巻、『翻胡語』七巻が記載されている。これらはペルシア語・トルコ語・ソグド語の文字や文法に関わる書籍とみなしてよく、おそらく遣唐使は唐情勢だけでなく西域情報まで入手することを期待されていたのであろう。

『梵語雑名』の「胡」はソグド

ここで重要なのは、『梵語雑名』では「胡」を漢字で「蘇哩《そり》」、インドの悉曇文字（ブラーフミー文字）でSulī（スリー）、日本の片仮名で「ソリ」と説明している事実である（図23）。この「蘇哩＝Sulī＝ソリ」が、玄奘の伝える「窣利《そつり》」や義浄の伝える「速利」と語源を同じくして「ソグド」を意味すること、さらにその語源がソグド語のスグディーク（Suγδīk）「ソグド（より正確にはソグドという地名の形容詞形で、その意味はソグディアナの出身者、ソグド語を話す者)」であることについては、学界に異論はない。

さて次に注目すべきはこのような「胡」が、実は『梵語雑名』では「天竺」「波斯」「突厥」「吐蕃」「罽賓《けいひん》」「吐火羅《トカラ》」「亀茲《クチャ》」「于闐《コータン》」「烏長《ウディヤーナ》」と並んで列挙されている事実である。つまり「波斯」すなわちペルシアと「胡」は明確に区別され、しかも「胡」が中国の西方〜北方の諸民族を漠然と指す普通名詞ではなく、具体的に「ソグド」を意味する固有名詞であったことを裏付けている。

先に『梵語雑名』の成立は八世紀後半と断定したが、その中に含まれる情報の多くはむしろ利言自身が西域にいた八世紀前半に収集されたとみる方が自然である。なぜなら『梵語雑名』にはいまだ廻紇（ウイグル）も大食（タジク）も現れていないからである。八世紀後半のユーラシア情勢を伝える文献に、当時の強国であるこの両者が現れないことはおよそ考えられない。

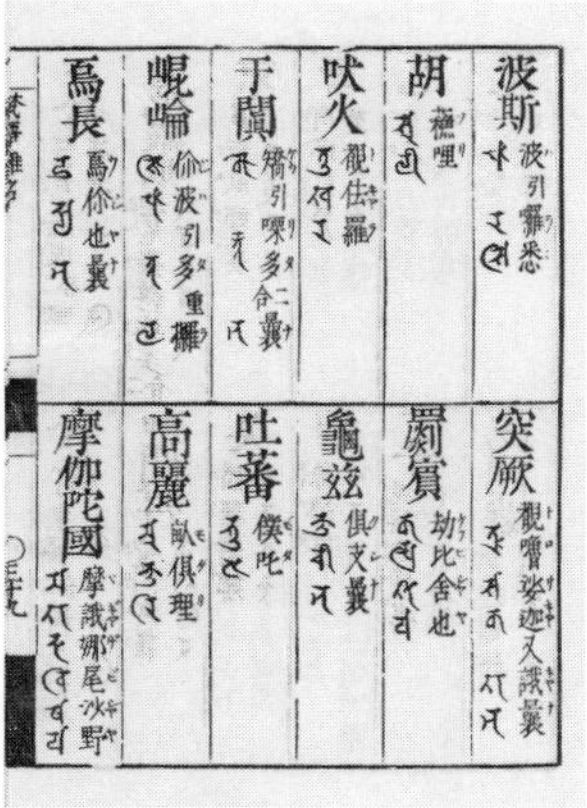

図23 『梵語雑名』の江戸版本の一頁

唐代にはいろいろなレベルの梵漢辞典があったようであるが、『梵語雑名』はそれほどハイレベルなものではない。採録された単語を系統的に分類すれば分かるのであるが、この辞典を駆使したところで仏典翻訳など望むべくもなく、せいぜい旅行者や商人が旅行や商売などに使える程度である。旅行や商売が目的であるならば、むしろ当時のユーラシア東部の代表的国際語であったソグド語を学ぶ方が手っ取り早く、ソグド語漢語辞典こそが多数残っていてもよさそうなものである。しかし、現存史料の在り方は、そうはならなかったことを示唆している。それはなぜなのか。

後にはひとくくりに漢人となる中国本土の諸方言を話した人々はもとより、朝鮮・渤海・日本・ベトナムなどを包含する東アジアの人々は、あくまで漢語漢文を共通の文章語ないし文化言語としており、しかも彼らの間には仏教がもっとも広汎に浸透しつつあった。つまり東アジア第一の国際語は漢語であり、七〜一〇世紀の東アジアの宗教としては仏教が優位を確立していた。

このような漢字文化圏から西域・南海・インドに行こうとする者の大半は、仏僧ないしは仏教徒であったにちがいない。しかも唐代までは、インドはもちろん、パミール以東の西域も南海もまだイスラム教に席巻されるにはほど遠く、いわばゆるやかな仏教文化圏であって、インド語さえできれば旅行も商売もなんとかなったはずである。ならば彼らが漢語以外に旅行用にもう一つの言語を習得しようとする時、選ばれたのがインド語であって、ソグド語でなかったことは十分うなずけるのである。

「蕃漢対照東洋地図」の胡国

平安時代の日本において、唐・ウイグル・チベット・天竺・波斯を含む東洋世界全体の地図が知られていたと聞けば、誰しも少なからず驚くにちがいない。しかも地図中の国名が漢字とチベット文字の両方で書かれていたと知れば、その驚きは倍加しよう。

実際にそのような地図が存在したことは、鎌倉時代に近江国・園城寺《おんじょうじ》（三井寺《みいでら》）の別当（管長）となった禅覚《ぜんかく》によって書写された文書から知ることができる。禅覚は九世紀に唐からもたらされた原本ではなく、それまでに何度か転写されたものをもう一度書き写したらしい。
その原本は、九世紀に入唐した弘法大師《こうぼうだいし》・空海《くうかい》か、智証大師《ちしょうだいし》・円珍《えんちん》のいずれかが彼の地より将来した可能性が高い。初めに「蓮華台蔵世界《れんげたいぞうせかい》」と題した仏教的宇宙の図が漢字の説明入りで描かれ、次にチベット文字の陀羅尼《だらに》があり、最後に本項の主題である「蕃漢対照東洋地図」（図24）がある。

地図といっても各国の領域は四角い枠で示され、その中に漢字とチベット文字で国名が記入されただけのごく単純なものである。西域だけでなく中国・インド周辺を含み、さらに中央ユーラシア東部の草原地帯にも及んでいるので、東洋地図とでもいうべきである。しかも、写本全体の冒頭に仏教的宇宙の図が描かれていることに鑑《かんが》みると、実は当時の世界地図とみなしてもよかろう。少なくともインド・唐・チベットそして我が日本を含む仏教世界から見た全世界である。それゆえこれを蕃漢対照「世界地図」とみなすことさえできるかもしれない。

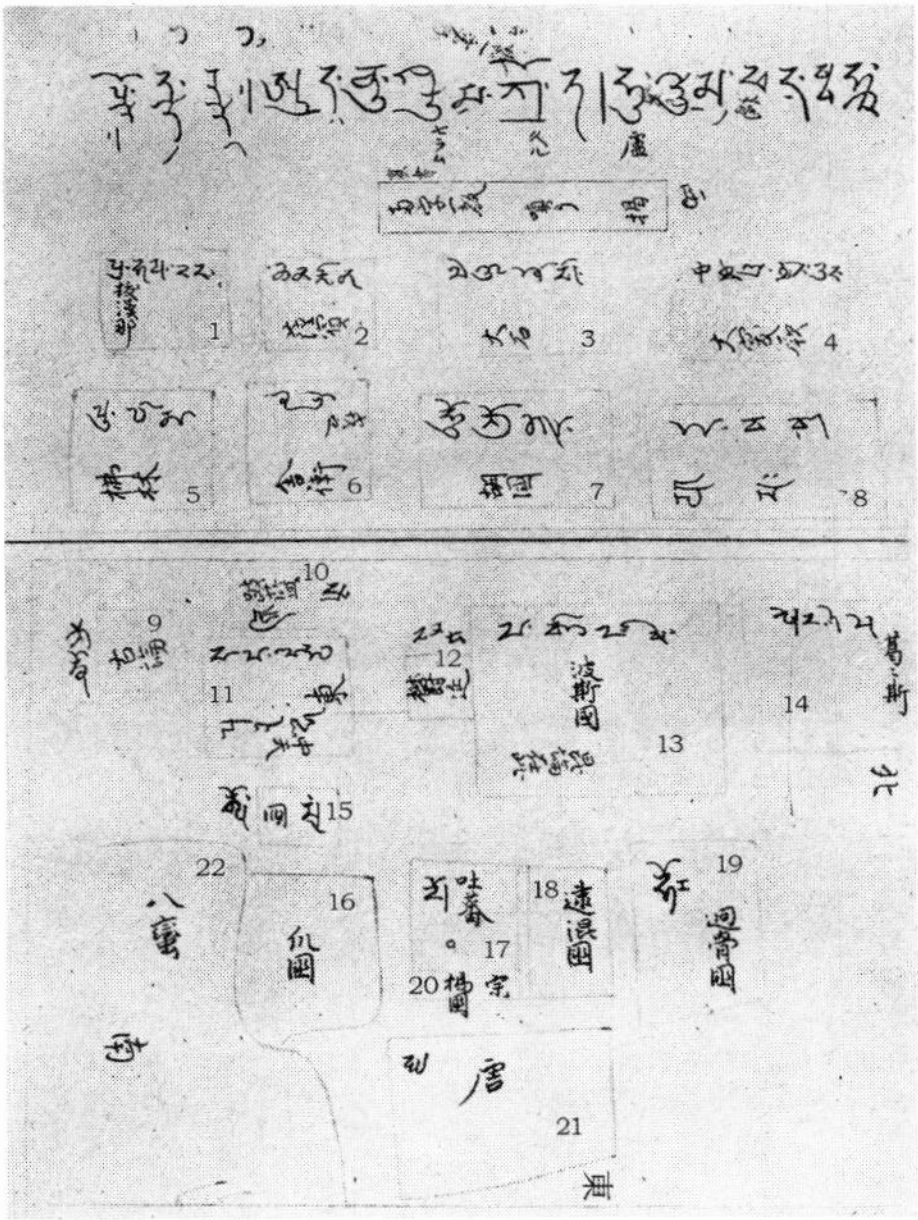

図24　「蕃漢対照東洋地図」

以下には問題となる漢字の国名を、図版上に示したアラビア数字の番号と対照できる形で簡単に説明する。

①**抜漢那**　抜汗那と同じで、汗血馬の産地として有名なパミール北部のフェルガーナ。

③**大石**　一般に大食と書かれるタジクで、イスラム勢力（ウマイヤ朝〜アッバース朝）を指す。

④**大突厥**　モンゴル高原に本拠を置いた突厥第二帝国であろうが、すでに滅亡している。

⑤**拂林**　チベット文字はプリム Pu-lim で、当時の「拂林」に対応し、東ローマ帝国を指す。

⑥**舎衛**　祇園精舎のあったインドの舎衛国。

⑦**胡国**　チベット文字は Huo-kuog と読むことができ、当時の「胡国」の音写である。

⑪**中天**　中天竺＝中インド。

⑫**鬱延**　西北インドのスワト渓谷を中心とするウディヤーナ。

⑬**波斯国**　ササン朝ペルシアはもう滅亡しているので、単なる過去の記憶か、東方へ逃げたササン朝亡命政権。

⑭**葛々斯**　黠戛斯《かつかつし》とも表記され、南シベリアにいたキルギスのこと。

⑰**吐蕃**　いうまでもなくチベットを指す。

⑱**逮混国**　逮混は普通には吐谷渾《とよくこん》ないし退渾と書かれ、モンゴル系鮮卑にチベット系が混じったと考えられる集団である。隋代〜唐初は中国本土とチベットとの中間にあたる現在の青海省に建国していた独立国家であったが、七〜九世紀に吐蕃・唐の係争の地となり独立を失った。

⑲**廻骨国**　回鶻国と同じで東ウイグル帝国を指す。チベット文字表記は Hor（ホル）であり、それは明らかにウイグルを指すチベット語である。

㉑**唐**　いうまでもなく大唐帝国を指す。

㉒**八蛮**　『貞元新定釈教目録』巻一七に、「皇帝の威は北狄に加わり、澤《たく》は東夷を被い、南は八蛮に及び、西は天竺に洎《およ》ぶ」とあるように、おそらく東南アジア～南アジアのある領域を漠然と指しているのであろう。

さてそこで蕃漢対照東洋地図の年代を考察したい。これは21番の記載により明らかな通り唐代のものであるから上限は七世紀であり、九世紀の前半か中葉に日本にもたらされたのであるから、その下限は九世紀中葉である。さらに北方草原地帯の代表として19番のウイグルがおり、しかもその表記が古い方の廻紇ではなく、八世紀末にウイグル自身の請願（実際は強要）によって替えられた新しい表記である廻鶻・回鶻を省略した形の廻骨になっていることから、これを八世紀末～九世紀中葉のものと限定することができる。ただし、実際には4番の大突厥は七四〇年代にウイグルに取って代わられているのであるから、この地図にはやや古い情報も混在しているとみなさねばならない。

そういう条件をすべて飲みこんだ上で、もう一度、蕃漢対照東洋地図を見てみよう。地図学の発達していない当時のことであるから、相互の位置関係には誤りも多く、地図としての信頼性は低いのであるが、私は次の事実に着目した。

すなわち、そこに厳然として存在する7番の胡国は、13番の波斯国と区別されるだけでなく、4番・14番・19番の突厥・キルギス・ウイグルなどの拠った中央ユーラシア草原地帯よりは南、6番・11番のインドよりは西北、17番のチベットよりは西で、西アジアから勃興したイスラム勢力のタジクすなわち3番の大石に近いところに独立していた国家ないし民族集団でなければならない。これはもう、時代的にも地域的にもトランスオクシアナ（アム河とシル河の間）のソグド国（オアシス都市連合国家）以外にはありえない。

次に『梵語雑名』と蕃漢対照東洋地図を比較してみる。『梵語雑名』は唐と密接な関係にあった西域の主要部については蕃漢対照東洋地図より詳しい反面、西アジア～東地中海方面の大石や拂林も、中央ユーラシア草原東部地帯のキルギス（葛々斯）やウイグル（廻鶻）も見えない点では蕃漢対照東洋地図に比べて視野が狭い。

換言すれば、『梵語雑名』より蕃漢対照東洋地図の方が明らかにカバーする範囲が拡大しているわけである。つまり、古い『梵語雑名』の方が狭義の西域世界のみを示すのに対し、新しい蕃漢対照東洋地図の方ははるかに広く、少なくとも陸と海のシルクロードを通じて知り得た東洋世界、唐代仏教徒から見れば全世界を把握しているのである。

玄奘がインドに出発した唐初にはまだ鎖国していた唐であるが、その視野は徐々に拡大していったはずである。にもかかわらず、少なくとも盛唐から中唐の終わり頃まで、漢語で「胡国」といえばソグド国、「胡」といえばソグド（人・言語）を意味するという実態はほぼ一貫して変わらなかったのである。それゆえ唐詩にしばしば謳われた「胡姫」とは、従来誤解されてきたようなペルシア人女性ではなく、ソグド人の若い女性なのであり、深目高鼻で紅毛・巻髪、時に緑や灰色や茶色の瞳を持つエキゾチックな容貌により、胡旋舞などの踊り子や西域楽器の演奏者として、あるいは遊女や酒場のホステスとしてもてはやされたのである。

拙著『シルクロードと唐帝国』の第四・五章で詳述したように、胡姫の大半はソグド諸国からの献上品ないしシルクロードの奴隷貿易によって供給されたのであるが、彼女らが唐文化の花形であったことはまぎれもない。

ところで日本の浄土宗・浄土真宗の中核仏典は『大無量寿経《だいむりようじゆきよう》』『観無量寿経《かんむりようじゆきよう》』『阿弥陀経《あみだきよう》』という浄土三部経であるが、インド語原典の存在しない『観無量寿経』は大乗・小乗が混在した西域のトゥルファン盆地で、同じくインド語原典のない『観仏三昧海経《かんぶつざんまいかいきよう》』などの禅観経典と共に、坐禅してなんらかの対象物を観想する修行法の実践者たちの伝統の中から生まれた可能性が指摘されている［山部二〇一〇］。

日本で有名な奈良の当麻寺《たいまでら》にある当麻曼荼羅《たいままんだら》は、この『観無量寿経』の内容を絵にしたもので、中央に阿弥陀三尊（脇侍は観音・勢至）を中心とする浄土の様子を描き、左側に「王舎城の悲劇」が下から上へ、右側に観想法が上から下へ描かれている。

その当麻曼荼羅の中に描かれている踊り子、すなわち阿弥陀の前の小さな舞台で、現代の新体操のリボン競技のように踊っている女性のモデルは、「胡姫」と呼ばれた「ソグド人の（若い）女性」である。その胡姫が、小さくて丸い形の絨毯の上で、クルクルとめまぐるしく旋回しながら踊るソグド起源の舞踊の「胡旋舞」を踊っているのである。まさか胡姫の図像が日本に届いていたなどとは、誰も想像しなかったことであろう。

日本に来たソグド人

日本には、ソグドに関する文物や史料ばかりでなく、「ソグド人」がやってきた事実もある。

それは鑑真《がんじん》和上と一緒に来日した「胡国人」すなわち「ソグド国人」の安如宝《あんにょほう》という人で、彼は鑑真から授戒を受け、後に唐招提寺の少僧都《しょうそうず》という高い位にまで出世した。ただし、鑑真と共に来日した時はまだ僧侶ではなかったから、たぶん商人だったろう。なぜなら、鑑真は中国の揚州で活躍していたのであり、揚州にはソグド人コロニーがあったからである。法隆寺にはソグド語と中世ペルシア語の銘文や焼き印の付いた香木が残っているが、ソグド商人とペルシア商人が併存していたのは長安・洛陽に次いで揚州であり、日本にはその港町から船で商品としてもたらされた可能性が高い。ちなみに一般向けの良書といわれる杉山二郎『天平のペルシア人』(青土社、一九九四年)が、安如宝をペルシア人と断言してしまっているのは残念なことである。

安如宝が中国にいた時にはまだ仏教僧でなかったとしても、当時の唐帝国内に相当数のソグド人仏僧がいたことは、空海の師匠である恵果の師匠に当たるインド人・不空の弟子の中に幾人ものソグド人が混じっていたことや［中田二〇〇七］、中国本土で漢文からソグド語に翻訳された仏典がたくさんあること［吉田二〇一〇b・二〇一五］などからも容易に推測できる。安史の乱の際には、唐王朝側にも、乱の勢力側にも、ウイグル側にも多数のソグド人やソグド系の人々がいたことは、もはや学界では常識になっているが、そのソグド人の東方進出の波は新羅《しらぎ》や渤海《ぼっかい》国にまで及んだのである。

七～九世紀に大陸から日本へ先進文明を運んだ媒体としては、遣唐使が筆頭にあげられるのが通例であるが、実は渤海および新羅との公的使節も重要だったのであり、さらには新羅や唐の商人の活動も無視できない。そうした状況のもと、渤海から日本へ派遣された使節の中にソグド人が混じっていたことが従来から指摘されている。その最有力者が七七六年の使節団の大使であった史都蒙であるが、同使節団の大録事が史通仙（または史道仙）であり、ほかにも七五九年の使節団の判官であった安貴宝、八四一年の使節団の録事であった安寛喜（または安歡喜）らが知られている。

一方、ロシアの考古学者・シャフクノフによって渤海国内には黒貂《くろてん》という高級毛皮を扱うソグド商人の集落があったことが提唱されている。実際そうした集落遺跡からブハラのコインなどソグドとの関係を示す文物が出土しているから、渤海使節団の中に史姓・安姓という典型的なソグド姓を持つソグド人が存在したことを疑う必要はない。八二六年に渤海使を迎えた右大臣・藤原緒嗣《おつぐ》が、渤海使のことを評して「実は是れ商旅にして」と断じたのは、まさに正しかったのである。

ペルシア人も来ていた

従来、日本に来到したインド人以外の西域人としては波斯《はし》人すなわちペルシア人ばかりがクローズアップされてきたので、本書では近年の研究の進展を踏まえてソグド人の重要性が一般読者に理解されるよう努めてきた。

とはいえ奈良・平安時代にペルシア人やペルシア文化が到来したことを無視するわけではない。最も有名な人物は、遣唐副使の中臣名代《なかとみのなしろ》が天平八年（七三六年）に帰国する際にインド人の仏教僧侶である菩提僊那《せんな》らと共に来日した波斯人の李密翳《りみつえい》である。菩提僊那は七五二年に東大寺の大仏開眼供養の法会で導師となった人物であるが、李密翳が何者だったかは分かっていない。医術にも通じたネストリウス派キリスト教の宣教師であったとか、幻術師や音楽家であったとか、工匠や商人であったとか諸説あるが、すべて憶測にすぎない。

二〇一六年には平城京の遺跡から出土した木簡に「破斯清道」という官僚の名前が書かれていることが判明したが、これも正しくは「波斯清道」で、宮廷に仕えたペルシア人であろうと言われている。

中国の北朝～隋唐代の遺跡や墓から出土した多数の銀器は、従来は一概にササン銀器とみなされてきたが、近年の研究ではそこにソグド銀器もかなり混在していることが指摘されている。それゆえ、例えば正倉院の銀器についても慎重な鑑定が要求されよう。正倉院のガラス器も漠然とササン朝ペルシア由来とみなされることが多かったが、最近の化学的調査によればササン朝の製作であることが確実なのは白瑠璃碗だけである。むしろペルシアより遠い東地中海方面で製作されたローマンガラスやトンボ玉が、弥生時代後半から古墳時代を通じて西日本各地に伝来している事実の方を重視すべきであろう［小寺二〇一二］。

蘇幕遮・酔胡王・酔胡従

西域由来の舞を伴う音楽が、唐や新羅を介して日本へ伝来し、伎楽となったことはよく知られているが、その一つに「蘇《そ》幕遮《まくしゃ》／蘇摩遮／蘇莫者」がある。もとは宮中や大寺院で演じられたであろうが、奈良の法隆寺や大阪の四天王寺など聖徳太子ゆかりの寺においては、現代まで仏教行事の催し物の一つとして行なわれてきた。

蘇幕遮の語源は不明であるが、それが乞寒戯《きつかんぎ》＝潑寒《はつかん》胡戯と密接に結び付いており、しかも後者の源流がソグディアナの主邑《しゆゆう》サマルカンドの民俗芸能にあることは明らかである。サマルカンドでは年中行事の一つとして、年末の寒い時期に人々が太鼓をたたいて踊り、互いに水を掛け合って戯れ遊ぶという風習があり、そのような遊びが唐でも一時期流行したのである。

この風習は、おそらくソグド人がもたらしたもので、派手な胡服を着て馬上で楽器を演奏して歌う集団が市街に繰り出し、その周囲では渾脱《こんだつ》という仮面ないし着ぐるみで仮装したり、旗を持ったグループが舞い踊り、裸の人々が水を掛け合ったりして大騒ぎしたため、おかたい儒教官僚の顰蹙《ひんしゅく》をかって八世紀中葉までには中止のやむなきにいたった。蘇幕遮はその楽曲と仮装舞踊を指すとする見方もあれば、乞寒戯を含むお祭り騒ぎの総体とする見方もある。

頭にすっぽり被る仮面として日本に伝わっているのは、東大寺正倉院や法隆寺に残る伎楽の仮面であるが、中でも酔胡王・酔胡従として知られるものには、いかにもソグド人の容貌（深目高鼻、白皙《はくせき》、濃い鬚髯《しゅぜん》、ときおり碧眼《へきがん》）を彷彿とさせるものが多い（図25）。

図25　伎楽面の酔胡王。正倉院宝物

それだけでなく、吉田豊によれば、酔胡王の被る台形のフェルト帽は、元来は「キャラヴァン隊長」を意味する「薩宝《さつぽう》」に特徴的なものであるという。その薩宝は、ソグド語のサルトパウ sartpaw の音写であり、唐代に入るとソグド人植民集団の首長を意味するようになったのである［吉田一九八九、荒川一九九九］。巷間で酔胡王をペルシアの王と説明しているのも、胡姫と同様の誤った理解のせいである。これからは正しく「ソグド人君長」と解釈していただきたい。

2 マニ教絵画の日本伝来

マニ教研究の動向とマニ教絵画

第四章・2で述べたように、キリスト教が近現代のグローバル世界の半分以上を席巻するほどに成長するきっかけをつかんだのは、ローマ帝国におけるマニ教との葛藤であった。それゆえキリスト教徒が大部分を占める欧米の学界では、二〇世紀初頭の西欧列強の中央アジア探検隊によりトゥルファンや敦煌からマニ教の聖典類やマニ教徒の残した文書が発見されると、関心が一気に高まった。それらはパルティア語・中世ペルシア語・ソグド語・ウイグル語・漢語など多様な言語で書かれていた。その後、北アフリカからコプト語・ギリシア語・ラテン語などのマニ教写本が発見されたのと相俟って、マニ教研究は二〇世紀にめざましい発展を見せた。

マニによれば、真の宗教は自分に先行する多くの預言者たち、例えばゾロアスター・仏陀・イエスなどによって教えられてきたが、誰もその教えを自らは書き残さなかった。それゆえそれらの宗教の教義が時代と共に歪曲されてしまった。そこでマニは、自分の教えがまちがいなく伝わるように自らの手で経典を書き残し、それを他の言語に翻訳するように推奨した。

本来のマニ経典はマニの常用語であるアラム語で書かれたが、ササン朝ペルシアのシャープール一世（在位二四一～二七一年）を改宗させるために彼に捧げた書物だけは中世ペルシア語で著された。それを『シャーブーラガーン』というが、原典として残っているのはそれだけで、それ以外はすべて失われたアラム語原典からの翻訳、ないしは翻案である。マニ教の聖典は①『活ける福音書』、②『生命の宝庫』、③『物語の書』、④『秘密の書』、⑤『巨人の書（堕天使の物語）』、⑥『書簡集』、⑦『詩編と讃歌』の七種であるが、それ以外に上述の『シャーブーラガーン』と、パルティア語で『アルダハング』と呼ばれるようになるマニ教教義を図化した絵画集があった。『シャーブーラガーン』はアラム語ではないため、七聖典には指定されなかったが、マニの伝記や教義の骨格をなす天地創造神話・終末論が含まれており、マニ教研究にはきわめて重要である。『シャーブーラガーン』の漢訳名は『二宗三際経』もしくは『二宗経』であり、絵心のあったマニ自身が教義を図解した絵画集の『アルダハング』は漢訳では『大二宗図』と言われるから、両者とも中国まで伝来していたはずである。

他の創唱宗教と比べたマニ教の特徴は、その教えを絵画にして布教をしやすくした点である。マニ教はキリスト教にとって天敵とも言うべき最大のライバルであったから、マニ教が世界史上から消えて久しい近代に世界の覇者となったヨーロッパおよびアメリカの研究者（大部分がキリスト教徒）は長い間、必死でマニ教絵画を探し求めてきた。なぜなら一九世紀以降のマニ教研究の進展により、マニ教には七つの聖典以外に『アルダハング』というマニ教の教義を図解した絵画集があるだけでなく、さらに種々の絵画の存在が知られていたから、その実物を探そうと血眼になったのである。

しかし結局、二〇世紀中はわずかにトゥルファン出土の冊子本の中の挿絵的な細密画や絹絵の零細な断片、そして壁画のやや大きな断片が知られたにすぎなかった。ところが二一世紀に入ると、マニ教とは縁もゆかりもないと思われていたこの日本から、大きくてしかも完全な形のマニ教絵画が次から次へと発見され、欧米のマニ教学界に衝撃を与えることになるのである。

中国東南部で生き延びたマニ教

マニ教が世界史上で最も長く生き延びたのは中国である。中国では、もともと夷狄《いてき》（漢民族以外の異民族）の宗教であった仏教は、唐代にはすでに中国仏教となって根付いていたが、新たにシルクロードを通って唐代の三夷教と呼ばれる摩尼教・景教《けいきょう》・祆教《けんきょう》、すなわちマニ教、東方シリア教会のキリスト教（旧称はネストリウス派キリスト教）、およびゾロアスター教が入ってきた。ただし、イスラム教＝回教はまだこの数に入っていない。回教すなわちイスラム教はウイグル＝回鶻から伝播したという俗説は真っ赤なウソである。この頃のウイグルはマニ教を国教としており、唐でマニ教がいささかなりとも流行したのはウイグルの圧力による。

これら三夷教の伝播・流行には、政治・軍事面とシルクロード貿易という経済面でウイグルと密接に結びついたソグド人が強く関与していた。唐代には仏教勢力と道教勢力が政治権力者と結んだ熾烈な争いが繰り返されたが、八四〇年代に「会昌《かいしょう》の廃仏《はいぶつ》」と呼ばれる仏教弾圧が起こり、そのついでに三夷教も一緒に弾圧された。この「会昌の廃仏」には、ちょうど唐に滞在していた日本からの留学僧・円仁が巻き込まれている。彼の見聞は、その旅行記『入唐求法《にっとうぐほう》巡礼行記』に書かれているが、そこに正史にはないマニ教弾圧の様子を伝える貴重な記述が残っている。

約百年遡って、中国では七三二年に玄宗《げんそう》皇帝がマニ教禁止令を出したのであるが、ソグド人などの外国人は例外扱いであった。特に安史の乱鎮圧にウイグルがきわめて大きな功績をあげたため、その後援を得たソグド人マニ教徒は、中国各地の大都市に建てられたマニ教寺院を根拠地にして宗教的・経済的活動を繰り広げた。第四章・2で紹介した「回鶻銭《かいこつせん》」を想起していただきたい。

しかし唐帝国内でのソグド人・ウイグル人を中心とするマニ教徒の目立った活動は、八四〇年の東ウイグル帝国滅亡と共に終わりを迎えることになる。すなわち、唐政府が八四〇年代の「会昌の廃仏」で仏教のみならずマニ教も弾圧できたのは、ひとえにその直前に東ウイグル帝国が滅亡したからなのである。

弾圧の主なターゲットとなった仏教は、すでに中国に根付いていたからまもなく復活したが、もともと基盤の弱い三夷教は壊滅的打撃を受けた。かろうじてマニ教だけが、僥倖を得て江南（特に福建・浙江）に逃れて生き延びることに成功するのである。

そしてそこでかなりの信徒を獲得したようであるが、宋代になると儒教官僚から邪教として徹底的に弾圧された。それでもなお宋・元・明・清代の江南地方で、マニ教が一種の「邪教」として生き残っていたことについては、かなりの研究蓄積があり、疑問の余地はない。もちろん、そこでは純粋なマニ教を維持したセクトよりも、仏教や道教と習合したセクトが多く見られたのであるが、いずれにせよ主に地下活動を行なう秘密結社的なものとなった。

その最後の痕跡は、今も福建省泉州に世界史上最後のマニ教寺院といわれる「草庵」として残っており、そこに「摩尼光仏」の石像が安置されている（図26）。また、これまた二一世紀になって福建

図26　中国福建省泉州の「草庵」にある摩尼光仏の石像

省の霞浦・屏南その他から、マニ教神話や中世イラン語の讃歌の音写を含み、唐代の漢文マニ経典の系譜を引くことの明らかな文書が続々とみつかっている。とはいえ現地の人たちにはもはやマニ教を信仰しているという意識はないようで、おそらく在来の道教と融合してしまったのであろう。

ところで、福建・浙江に生き残ったマニ教については、唐代に北中国から避難してきたマニ教徒が伝えたものとするのが通説である。その上で私は、福建のマニ教がまさしくウイグル＝マニ教、すなわち中央ユーラシアのマニ教の伝統を受け継いでいることを論じた。その論拠は三つある。

唐の会昌年間の弾圧を逃れて福建にマニ教を伝道したとされる人物を、福建の地誌『閩書《びんしょ》』は「呼禄法師」としているが、私はその呼禄をウイグル語のウルグ uluγ「大きい、偉大な」の音写と考え、呼禄法師とはマニ教の大法師の意味であると解釈した。マニ教聖職者には一箇所に定住してはいけないという戒律がある上に、『唐国史補』などによれば、ウイグル本国から中国にやってくる一般マニ僧は毎年、そして「大摩尼」は数年ごとに交替すると記されており、私はその「大摩尼」こそ「呼禄法師」と考えるのである。言語学的説明は省くが、「呼」を「ウ」の漢字音写とみなすことに問題はない。

さらに泉州の「草庵」にある「摩尼光仏」の石像には、至元五年（西暦一三三九年）の漢文銘文が付いている。その銘文中の月名は、正しく「戒月」であり、それはウイグル＝マニ教徒にとって重要な断食を含む「戒律（を守るべき）月」、すなわちウイグル語のチャフシャプット＝アイ čxšapt ay の漢語訳なのである。実際の暦ではそれが「十二月」である。

第三の論拠は、これから紹介する奈良の大和文華館所蔵絹絵に現れるマニ教信者の服装が、西ウイグル王国の壁画に見えるウイグル貴族の服装とそっくりなことである。

以上のような背景があるからこそ、宋元《そうげん》仏画（その中に寧波《ニンポー》仏画も含まれる）と総称される主に江南地方で制作された仏教絵画のなかに、実は唐宋代のウイグルとも関わるマニ教絵画が紛れ込むことになったのである。今や我々は、世界中から消えてしまっていたマニ教絵画が、この日本に少なくとも九点は残されていると断言できるのであるが、その発見は二一世紀に入ってからのわずか十数年の間に行なわれたのである。以下に、その経緯を説明しよう。

日本におけるマニ教絵画の発見

事の発端は、二〇〇六年に美術史研究者の泉武夫が「景教聖像の可能性」と題して発表した論文である。結論を先取りすれば、私はこれは景教画像ではなく、マニ教のイエス像であると主張するのであるが、結論は私とは違っていても、この泉論文が発表された意義は小さくない。

というのは、主題である山梨県・栖雲寺《せいうんじ》蔵の絹絵（図27）を初めて学界に知らしめただけでなく、宋元江南仏画といわれる範疇に実は仏教画でないものが紛れ込んでいることを明らかにし、さらに副主題として取り上げられた同じ範疇に属する奈良・大和文華館所蔵絹絵（図28）の主尊（図29）が、

図28　マニ教の個人終末論を描いた絹絵。奈良県、大和文華館所蔵　吉田2009より

図27　マニ教のイエス像絹絵。山梨県、栖雲寺所蔵　泉2006より

図29　個人終末論図の部分拡大。中央がマニ像

泉州・草庵の主尊である摩尼光仏（図26）と酷似する造形的特徴を有しており、両者が同一のものである可能性を強く示唆したからである。これを受けて吉田豊と私は、まず近場である奈良の大和文華館に赴いて原物を調査したことにより、それがマニ教絵画であることを確信するにいたった。

この大和文華館所蔵の絹絵は、縦一四二センチ、横五九センチであり、画面全体を縦に五段に分けて描かれている。『十王経』の絵図との類似性から長らく仏教の「六道図」と呼ばれ、一四世紀制作の寧波《ニンポー》仏画とみなされてきた。「六道」とは、仏教の輪廻転生の世界を指し、天道・人間道・阿修羅道・畜生道・餓鬼道・地獄道のことである。

従来の見方によれば、この絹絵の最上段が天道（＝天国）、上から数えて第二段が主要画面であり、釈迦を中心とし道士と儒者を配した儒仏道三教合一の場面、その下の第三段が現世の四身分である士農工商（＝役人・農民・職人・商人）に代表された人間道、第四段が死者の最後の審判の場面、そして最下段が地獄道であるというのであった。しかし、これでは六道ではなく、天道・人間道・地獄道の三道にしかならない。

吉田がこれをマニ教絵画と断定した論拠はいくつもあるが［吉田二〇〇九］、ただ一つだけ言及すれば、マニ教の輪廻は六道ではなく、①天国（まずは新天国）への道、②地獄への道、③混淆のままで現世に戻る道（人間道）、という三道だけなのである。これ以外にも確実な根拠に基づいて、吉田は、第二段目の主要画面はマニ教僧侶に課せられた最大の義務である説教の場面であると結論した。すなわち中央にあるのが台座に座ったマニの肖像で、右側に説教するマニ僧とその弟子がおり、左側に説教を聴く一般信者が二人いるとみなすのである。

その時、私が貢献できたのは、第四段の左端にかすかに残る漢文銘文を、「冥王聖幀（死後の審判をする冥土の王様を主題とする神聖な画幅）を喜捨し、恭しんで寶山菜院（という名額をもつマニ教寺院）に施入する」と読んだことであった。マニ教は菜食主義であり、宋代の邪教の一派は「喫菜事魔《きつさいじま》」と呼ばれていたように、その内容は本図をマニ教絵画とみなす結論と矛盾しない。また第二段目にいる二人の一般信者のうち下側の人物の服装が、ベゼクリク壁画に見られるウイグル貴族（本書一四七頁参照）のそれに酷似することも指摘した。

こうして、大和文華館所蔵の絹絵が日本で最初に発見されたマニ教絵画となった。かつての「六道図」という呼び方は改めてマニ教の「個人終末論図」とするのが適当であろう。

マニ教のイエス像

次にマニ教絵画と断定されたのが、山梨県の栖雲寺（臨済宗建長寺派）に伝「虚空蔵菩薩《こくうぞう》」像として所蔵されていた絹絵である。これまた大きくて完全なもので、縦一五〇センチ強、横六〇センチ弱である。泉武夫は、本絹絵がもともと九州のキリシタン大名・有馬晴信ゆかりのものであったという伝承と、本尊が十字架を持っているという二つの点を主な論拠として、これをネストリウス派キリスト教に属すると考え、その本尊を景教の聖像とみなしたわけである。

それに対して私とアメリカのマニ教学者であるグラーチがほぼ同時に独立して、これをマニ教のイエス像であると断定した。その論拠はやや複雑なので拙稿に譲るが［森安二〇一〇］、これが元代すなわちモンゴル時代に江南と九州の間、特に浙江省の寧波《ニンポー》と九州の博多との間を結んだ貿易船によって、おそらく珍奇な仏画として九州にもたらされ、後にそこに十字架が描かれていたことからキリシタン大名に献上されたのであろう。

マニ教が非合法ながらユーラシアの東西で長らく生き延びた最大の理由は、マニ教の神々の中に仏陀とイエスを見事に取り込んだことにあり、マニ教におけるイエスの遍在は際立っている。さらに「歴史上の実在のイエス」＝「キリスト教の預言者イエス」がおり、彼はセト・エノク・ゾロアスター・仏陀と並んでマニに先行する預言者たちの一人とみなされる。マニの母親もマリヤムと呼ばれ、その殉教の仕方もイエスと似ていたように、生誕から死までのマニが、ことごとく実在のイエスに仮託される。「私はマニ、イエス＝キリストの使徒である」という言葉が、アラム語・ギリシア語・中世ペルシア語で知られているように、マニ自身がイエスの後継者であると自任していたのである。

江南のマニ教徒がイエスの肖像を崇拝していたことを示す決定的証拠は、『宋会要輯稿』にある宣和二年（西暦一一二〇年）の記事である。それによれば、温州（浙江省）などの地域には邪教である

「明教」すなわちマニ教の教団があり、例えば温州だけでも仏堂に似せた集会所が四十余処もあり、毎年正月の日曜日には僧侶と「聴者」（一般マニ教徒）が中心となって祭壇を設置し、愚民の男女を扇動して夜に集まり、明け方に解散する。そしてさらに、彼らがさまざまな経典と共に「妙水仏幀・先意仏幀・夷数仏幀・善悪幀・太子幀・四天王幀」という「絵画・仏像」を持っていた、という。

ここでの「仏」はブッダではなく預言者のことであり、幀《チョウ》は裏打ちしたり、装幀したものを数える単位であるから、ここに見える「夷数仏幀」がまさしく「イエス仏の肖像画」なのである。イエスを中世イラン語ではイショーと言い、漢訳マニ教経典ではそれを夷数と音写するのが常であった。

マニ教の天地創造神話と宇宙論

これ以後も、日本では江南仏画とみなされてきたものの中から次々にマニ教絵画が発見され、現在ではその数は少なくとも九点に達している［吉田／古川（編）二〇一五、吉田二〇一七b］。なかでも欧米のマニ教学者の度肝を抜いたのは、マニ教の教義を図解した絵画集『アルダハング』＝『大二宗図』の系譜を引くと思われる「宇宙図」（図30）の出現である。マニ教教義の中核をなす天地創造神話と宇宙論がそこに盛り込まれており、あまりの複雑さゆえに、発見・紹介者の栄誉を担う吉田豊の論文［吉田二〇一〇a］によっても全容が解明されたわけではなく、以後も欧米や中国で盛んに研究が続けられている。

この絵がマニ教の宇宙図であることが一目で分かるのは、「十天八地」というマニ教の宇宙観がヴィジュアルに描かれているからである。特に目立つのは一〇層の黒い円弧で、しかも各円弧に左右六

図31　マニ像絹絵。大阪、藤田美術館所蔵　古川／吉田2020より

図30　マニ教の宇宙図絹絵。上端は切断され、後に見つかり復元された部分。兵庫県、個人蔵　Zs. Gulácsi, *Mani's Pictures,* Leiden: Brill, 2015より

つずつで計一二の門楼があり、しかも各円弧を両端に二人ずついる人物（合計で四〇人）が手で支えている。マニ教経典によれば、我々が住む大地の上には一〇層の天があり、それが四〇人の天使によって支えられ、各々の天には一二の門があると書かれている。

実は日本ではイエス像に続いてつい昨年（二〇一九年）、マニ像さえも大阪の藤田美術館の所蔵品の中から発見され、初めて奈良国立博物館で展示された（図31および一七五頁に拡大図）。マニ像やイエス像は、重要とはいえ構図は単純であるが、なんとも複雑なマニ教の天地創造神話と宇宙論を絵画化したものが日本で見つかった時には、欧米の研究者たちが本当に仰天したのもうなずけよう。

シルクロードは、単に「仏教の道」にとどまらない、まさしく「宗教の道」でもあった。そのことは、マニ教の歴史を振り返るだけでも容易に察せられるが、キリスト教ではなくマニ教のイエス像がモンゴル時代の日本に伝来していたという事実は、真に予想だにしなかったことであった。この発見の文化交流史的意義は、はかりしれないのである。

あとがき

日本人には馴染み深い「シルクロード」を書名に冠しながら、耳慣れない人名・地名と、習ったこともない民族や宗教が複雑に入り乱れる本書を、なんとかここまで読み進めてくださった皆さんに、まず御礼を申し上げたい。しかし、身も蓋もない言い方になるが、一冊の本を読破する「こつ」は、分かりにくいところは遠慮なく飛ばし読みすることである。読書の達人はきっとそうしている。

さて本書では、中央ユーラシアから見た世界史の素描を試みた。すべての人類の祖先はアフリカに出現し、世界中へ拡散していったという人類史的立場からみると、中央ユーラシア史は西アジア史・ヨーロッパ史・インド史・中国史と直結している。つまり中央ユーラシアは、前近代の諸地域世界を結び付けまとめる位置にあり、また日本人および日本文化の起源問題とも密接に関わっている。

日本の漢字文化は、まさに中国の漢文化の踏襲であり、少なくとも平成までは元号を定める時にさえ、漢籍に出典を求めてきた。「文房四宝《ぶんぼうしほう》」と呼ばれる筆・墨・硯《すずり》・紙はすべて中国から渡来したものであり、漢文は飛鳥時代から明治維新まで一四〇〇年の長きにわたって日本の公用語であった。

しかし日本の歴史を深く理解するには、中国を中心とする東アジア史に目を向けるだけでは不十分である。近代以後には欧米の歴史も重要になるが、近代以前においてはシルクロードによって世界を結びつけた中央ユーラシア史を知っておくことこそが肝要なのである。本書はそのための案内書としても執筆したつもりである。

これまでに出版されたシルクロード関係の論著は数知れない。なかには古典的名著も少なからずある。しかし「歴史」というものは、世界各国の様々な研究者が、それぞれの成果を持ち寄り、批判し合い、積み上げ、描いていくものである。そしてある時代、ある地域の実像をひとつひとつ明らかにし、それでもまだ、埋もれている史料や事実は無数にあり、描かれる歴史像はどんどん変化していく。それゆえ概説書にも中等教育の教科書にも、十年ごととは言わないが、少なくとも一世代ごとの大改変は必須となる。

歴史学の概説書は、きわめて多数の先行研究を読み、それを消化したり紹介したりしながら執筆されるものである。大方の場合、その先行研究のほとんどは自分以外の国内・国外の研究者によるものであるから、いわば他人のフンドシで相撲をとるようなものである。私はそういう仕事をいさぎよしとしないがために、これまでに発表した一般向けの概説書は、本書の姉妹本とも言うべき『シルクロードと唐帝国』（講談社、二〇〇七年、学術文庫版二〇一六年）の一冊のみである。もちろんそこでも多数の先行研究を利用しているが、基本は私自身のオリジナルな学術論文を踏まえつつ、日本人にとっての自虐史観とも言うべき「西洋中心史観」（場合によってはむしろ「西欧中心史観」）の打倒をめざす叙述を前面に押し出した。

それに対して本書は、第四章以下はやはり自分の学術論文を基礎にしているが、序章から第三章までは、先行研究を利用しつつ私が長らく大学の教養課程で講義してきた内容である。学習指導要領の改訂により二〇二二年から高校の「世界史」が必修から外され、日本と世界の近現代史を中心とする

「歴史総合」のみが必修となるため、古代・中世という前近代史への関心が薄らぐという懸念が高校や大学の教育現場からも表明されている。こうした懸念を汲みとって、前近代史の重要性と面白さを改めて認知してもらうことも、本書執筆の目的のひとつである。

前著は、日本の歴史教育を支える根幹は高校世界史だという強い信念に基づき、高校の社会科教員（世界史に限らず日本史や地理・公民も含めて）と史学科の大学生を読者としてイメージしながら執筆したため、一般知識人層にはかなり難しいと思われたようである。しかし本書はもっと広く江湖の読書人を対象として執筆したので、前著より遥かに読みやすくなっていると思う。もちろんその当否は読者に委ねるほかはない。

とはいえ本書をさほどの抵抗なく読了された方ならば、前著は決して難しくないと思うので、手に取っていただければ幸いである。姉妹本ではあるが、重複するところは少なく、新たに得られる知識は多いはずである。特に今の五〇代以上の人にとっては、高校世界史でもほとんど触れられなかったソグド人について初めて全面的に取り上げ、ソグド人が国際商人としてだけでなく、遊牧国家と中国王朝の両方において軍人・政治家・外交官・聖職者・芸能人などとして活躍した姿を描写した。

古稀を過ぎ、四〇年以上かかったライフワークである『古ウイグル手紙文書集成』の英文での出版もやり終えた私に、もう心残りはない。今後のささやかな希望は、古代における日本人や日本文化の形成に、シルクロード地帯を含む大陸の人々や馬や文物が貢献してきた痕跡を、いま少し明らかにすることであるが、道ははるかに遠そうである。

参考文献

●ア行
青木健　二〇一〇『マニ教』（講談社選書メチエ）講談社。
秋田茂／永原陽子／羽田正／南塚信吾／三宅明正／桃木至朗（編著）　二〇一六『「世界史」の世界史』（MINERVA世界史叢書）ミネルヴァ書房。
アブー＝ルゴド、ジャネット＝L　二〇〇一『ヨーロッパ覇権以前――もうひとつの世界システム』上下二巻　佐藤次高ほか（訳）、岩波書店。
荒友里子　二〇一四「南ウラル、カザフスタン中・北部における前2千年紀初頭のスポーク式二輪車輌について」高濱秀先生退職記念論文集編集委員会（編）『ユーラシアの考古学』六一書房、二二五～二三五頁。
新井政美　二〇〇二『オスマンvs.ヨーロッパ』（講談社選書メチエ）講談社。
荒川慎太郎／澤本光弘／高井康典行／渡辺健哉（編）　二〇一三『契丹［遼］と10～12世紀の東部ユーラシア』（アジア遊学160）勉誠出版。
荒川正晴　一九九九「ソグド人の移住聚落と東方交易活動」『岩波講座世界歴史15　商人と市場』岩波書店、八一～一〇三頁。
荒川正晴　二〇〇三『オアシス国家とキャラヴァン交易』（世界史リブレット62）山川出版社。
荒川正晴　二〇一〇『ユーラシアの交通・交易と唐帝国』名古屋大学出版会。
荒川正晴　二〇一九「ソグド人の交易活動と香料の流通」『古代東ユーラシア研究センター年報』五号、二九～四八頁。
アンソニー、デイヴィッド＝W　二〇一八『馬・車輪・言語――文明はどこで誕生したのか』上下二巻　東郷えりか（訳）、筑摩書房。
石井正敏　一九九八「渤海と日本の交渉」『しにか』九巻九号（特集・渤海国）、大修館書店、二三～三一頁。

石井正敏　一九九九「渤海と西方社会」鈴木靖民（編）『渤海と古代東アジア』（アジア遊学6）、勉誠出版、一二〇～一二六頁。
石田幹之助　一九六七『増訂　長安の春』榎一雄（解説）、（東洋文庫91）平凡社。
石田幹之助　一九七三『東亜文化史叢考』（財）東洋文庫。
泉武夫　二〇〇六「景教聖像の可能性――栖雲寺蔵伝虚空蔵画像について」『国華』一三三〇号、七～一七頁、図版一～二。
伊東俊太郎　一九九四「人類史の五大革命と気候変動」安田喜憲／川西宏幸（編）『文明と環境Ⅰ　古代文明と環境』思文閣出版、四四～六二頁。
伊東俊太郎／安田喜憲（編）　一九九六『講座文明と環境2　地球と文明の画期』朝倉書店。
稲本泰生　二〇〇四「東大寺二月堂本尊光背図像考――大仏蓮弁線刻図を参照して」『鹿園雑集』六号、四一～八三頁。
井上亘　二〇一四『偽りの日本古代史』同成社。
入澤崇　二〇一一「壁画復元――ベゼクリク「誓願図」」能仁正顕（編）『西域　流沙に響く仏教の調べ』（龍谷大学仏教学叢書2）自照社出版、二四九～二七三頁。
石見清裕　二〇〇八「唐とテュルク人・ソグド人――民族の移動・移住より見た東アジア史」『専修大学東アジア世界史研究センター年報』一号、六七～八一頁。
石見清裕　二〇〇九『唐代の国際関係』（世界史リブレット97）山川出版社。
石見清裕　二〇一〇「中国隋唐史研究とユーラシア史」工藤元男／李成市（編）『アジア学のすすめ3　アジア歴史・思想論』弘文堂、二三～四二頁。
梅村坦　一九九七『内陸アジア史の展開』（世界史リブレット11）山川出版社。
梅村坦　一九九九a「草原とオアシスの世界」『岩波講座世界歴史9　中華の分裂と再生（3―13世紀）』岩波書店、八五～一〇七頁。
梅村坦　一九九九b「増補・天山ウイグル王の肖像をめぐって」高木豊／小松邦彰（編）『鎌倉仏教の様相』吉川弘文

館、四二二〜四五九頁。
梅村坦　二〇〇〇「オアシス世界の展開」小松久男（編）『中央ユーラシア史』（新版世界各国史4）山川出版社、八九〜一四二頁。
栄新江　二〇一九「敦煌文献所見公元10世紀的絲綢之路」栄新江／党宝海（主編）『馬可・波羅与10—14世紀的絲綢之路』北京、北京大学出版社、一九〇〜二〇五頁。
江上波夫（編）　一九八一『シルクロードの世界』（現代のエスプリ）至文堂。
榎一雄　一九七七『図説中国の歴史11　東西文明の交流』講談社。
榎一雄　一九七九『シルクロードの歴史から』研文出版。
榎一雄　一九九三『榎一雄著作集　五　東西交渉史Ⅱ』汲古書院。
榎本淳一　二〇一四「遣唐使の役割と変質」『岩波講座日本歴史3　古代3』岩波書店、二五一〜二八四頁。
榎本淳一　二〇一八「中国の法・制度の受容」古瀬奈津子（編）『古代文学と隣接諸学5　律令国家の理想と現実』竹林舎、四三〜六九頁。
応地利明　二〇〇九「人類にとって海はなんであったか」『人類はどこへ行くのか』（興亡の世界史20）講談社、一二一〜一八二頁。
応地利明　二〇一二『中央ユーラシア環境史4　生態・生業・民族の交響』臨川書店。
大阪大学歴史教育研究会（編）　二〇一四『市民のための世界史』大阪大学出版会。
岡田英弘　一九九二『世界史の誕生』（ちくまライブラリー）筑摩書房。〈再刊・ちくま文庫、一九九九年〉
岡田英弘　二〇一三a『岡田英弘著作集Ⅰ　歴史とは何か』藤原書店。
岡田英弘　二〇一三b『岡田英弘著作集Ⅱ　世界史とは何か』藤原書店。
岡本隆司　二〇一八『世界史序説——アジア史から一望する』（ちくま新書）筑摩書房。
小田壽典　二〇〇三「カラハン朝の起源はカルルク族か、ウイグル族か」『愛大史学—日本史・アジア史・地理学』一二号、一〜四一頁。

●カ行

風間喜代三　一九九三『印欧語の故郷を探る』（岩波新書）岩波書店。
加藤修弘　二〇一二「遼朝北面の支配機構について――著帳官と節度使を中心に」『九州大学東洋史論集』四〇号、七〜八四頁。
河上洋　二〇〇九「渤海国の中の西方人」『河合文化教育研究所研究論集』第六集、一五〜二〇頁。
川北稔　一九九六『砂糖の世界史』（岩波ジュニア新書）岩波書店。
川北稔　二〇〇八「輸入代替としての産業革命――「一体としての世界」の起源」懐徳堂記念会（編）『世界史を書き直す　日本史を書き直す　阪大史学の挑戦』和泉書院、一〜三三頁。
河野保博　二〇一八「唐代・日本古代の馬と交通制度」鶴間和幸／村松弘一（編）『馬が語る古代東アジア世界史』汲古書院、三二七〜三五七頁。
川又正智　一九九四『ウマ駆ける古代アジア』（講談社選書メチエ）講談社。
川又正智　二〇〇六『漢代以前のシルクロード――運ばれた馬とラピスラズリ』（ユーラシア考古学選書）雄山閣。
橘堂晃一　二〇一三「ウイグル仏教におけるベゼクリク第20窟の歴史的意義」『トルファンの仏教と美術――ウイグル仏教を中心に』龍谷大学アジア仏教文化研究センター、一五三〜一六八頁。
橘堂晃一　二〇一七「ベゼクリク石窟供養比丘図再考――敦煌莫高窟の銘文を手がかりとして」宮治昭（編）『アジア仏教美術論集　中央アジアⅠ　ガンダーラ〜東西トルキスタン』中央公論美術出版、五二三〜五五〇頁。
金浩東 Kim Hodong　二〇一〇 "The Unity of the Mongol Empire and Continental Exchanges over Eurasia." *Journal of Central Eurasian Studies* 1 (2009), pp. 15–42.
ギメ、エミール　二〇一九『明治日本散策　東京・日光』岡村嘉子（訳）、尾本圭子（解説）、（角川ソフィア文庫）KADOKAWA。
百濟康義　一九九二「ベゼクリク壁画から見た西域北道仏教の一形態――第九号窟の法恵像をめぐって」『研究発表と座談会　キジルを中心とする西域仏教美術の諸問題』（仏教美術研究上野記念財団助成研究会報告書22）、京都国立博物館、一～六頁。
氣賀澤保規（編）二〇一二『遣隋使がみた風景――東アジアからの新視点』八木書店。
小寺智津子　二〇一二『ガラスが語る古代東アジア』同成社。
後藤敏文　二〇〇八「インドのことばとヨーロッパのことば」阿子島香（編）『ことばの世界とその魅力』（人文社会科学講演シリーズⅢ）東北大学出版会、一一七～一六三頁。
小林道憲　二〇〇六『文明の交流史観――日本文明のなかの世界文明』（MINERVA歴史・文化ライブラリー）ミネルヴァ書房。

●サ行
斉藤達也　二〇〇七「安息国・安国とソグド人」『国際仏教学大学院大学研究紀要』一一号、一～三二頁。
斉藤達也　二〇〇九「北朝・隋唐史料に見えるソグド姓の成立について」『史学雑誌』一一八編一二号、三八～六三頁。
齋藤勝　一九九九「唐・回鶻絹馬交易再考」『史学雑誌』一〇八編一〇号、三三～五八頁。
坂尻彰宏　二〇一五「敦煌般次考――10世紀前後の使節とキャラヴァン」『内陸アジア言語の研究』三〇号、一七三～一九七頁。
佐藤武敏　一九七七～七八『中国古代絹織物史研究』上下二巻　風間書房。
佐藤正幸　二〇〇九『世界史における時間』（世界史リブレット128）山川出版社。
シェーファー、エドワード＝H　二〇〇七『サマルカンドの金の桃　唐代の異国文物の研究』吉田真弓（訳）、勉誠出版。
蔀勇造《しとみ》　二〇〇四『歴史意識の芽生えと歴史記述の始まり』（世界史リブレット57）山川出版社。
蔀勇造（訳註）二〇一六『エリュトラー海案内記』全二巻（東洋文庫870＆874）平凡社。
謝世輝　一九八八『世界史の変革――ヨーロッパ中心史観への挑戦』吉川弘文館。
シャフクノフ、V＝エルンスト　一九九八「北東アジア民族の歴史におけるソグド人の黒貂の道」『東アジアの古代文化』九六号（一九九八年夏号）、大和書房、一三九～一四九頁。

白須淨眞（編）二〇一五『シルクロードの来世観』（アジア遊学192）勉誠出版。
代田貴文　二〇〇一「カラ＝ハーン朝史研究の基本的諸問題」『中央大学附属中学校・高等学校　教育・研究紀要』一五号、一～三二頁。
杉山清彦　二〇一六「中央ユーラシア世界――方法から地域へ」羽田正（編）『地域史と世界史』（MINERVA世界史叢書①）ミネルヴァ書房、九七～一二五頁。
杉山正明　一九九七『遊牧民から見た世界史――民族も国境もこえて』日本経済新聞社。
杉山正明　二〇〇五『疾駆する草原の征服者　遼・西夏・金・元』（中国の歴史8）講談社。
杉山正明　二〇〇八『モンゴル帝国と長いその後』（興亡の世界史09）講談社。
鈴木治　一九七四「絹路考」「絹路補考」『ユーラシア東西交渉史論攷』国書刊行会、二五九～三二五頁。
鈴木宏節　二〇一九「突厥・ウイグルの遺跡」草原考古研究会（編）『ユーラシアの大草原を掘る　草原考古学への道標』（アジア遊学238）勉誠出版、三五二～三六五頁。
鈴木靖民　一九九九「渤海の遠距離交易と荷担者」鈴木靖民（編）『渤海と古代東アジア』（アジア遊学6）勉誠出版、九九～一一〇頁。
鈴木靖民　二〇一八「シルクロード・東ユーラシア世界の研究と古代日本」『史叢』九八号、一～三一頁。
妹尾達彦　一九九九「中華の分裂と再生」『岩波講座世界歴史9　中華の分裂と再生（3―13世紀）』岩波書店、三～八二頁。
妹尾達彦　二〇〇一『長安の都市計画』（講談社選書メチエ）講談社。
妹尾達彦　二〇一八『グローバル・ヒストリー』中央大学出版部。
關尾史郎　二〇一九「内乱と移動の世紀　4～5世紀中国における漢族の移動と中央アジア」『古代東ユーラシア研究センター年報』五号、五～二八頁。
草原考古研究会（編）二〇一一『鍑の研究――ユーラシア草原の祭器・什器』雄山閣。
草原考古研究会（編）二〇一九『ユーラシアの大草原を掘る　草原考古学への道標』（アジア遊学238）勉誠出版。

●タ行
ダイアモンド、ジャレド　二〇〇〇『銃・病原菌・鉄――一万三〇〇〇年にわたる人類史の謎』上下二巻　倉骨彰（訳）、草思社。
平雅行　二〇〇八「神国日本と仏国日本」懐徳堂記念会（編）『世界史を書き直す　日本史を書き直す　阪大史学の挑戦』和泉書院、一一一～一四六頁。
高井康典行　二〇一三「世界史の中で契丹［遼］史をいかに位置づけるか」荒川慎太郎ほか（編）『契丹［遼］と10～12世紀の東部ユーラシア』（アジア遊学160）勉誠出版、二一～三三頁。
高濱秀　一九九五「西周・東周時代における中国北辺の文化」古代オリエント博物館（編）『江上波夫先生米寿記念論集　文明学原論』山川出版社、三三九～三五七頁。
高濱秀　二〇一九「初期遊牧民文化の広まり」草原考古研究会（編）『ユーラシアの大草原を掘る　草原考古学への道標』（アジア遊学238）勉誠出版、六四～七八頁。
高濱秀先生退職記念論文集編集委員会（編）　二〇一四『ユーラシアの考古学　高濱秀先生退職記念論文集』六一書房。
高山博　一九九九『中世シチリア王国』（講談社現代新書）講談社。
田村健　二〇一四「ハザルから見たユーラシア史」『ふびと』六五号、三重大学、四七～六七頁。
タルデュー、ミシェル　二〇〇二『マニ教』大貫隆／中野千恵美（訳）、（文庫クセジュ848）白水社。
田家《たんげ》康　二〇一九『気候文明史』（日経ビジネス人文庫）日本経済新聞出版社。
鶴間和幸／村松弘一（編）　二〇一八『馬が語る古代東アジア世界史』汲古書院。
東京大学教養学部歴史学部会（編）　二〇二〇『歴史学の思考法（東大連続講義）』岩波書店。
東北亜歴史財団（編著）　二〇一五『渤海と日本』（古代環東海交流史2）明石書店。
礪波護　一九九〇「唐代社会における金銀」『東方学報』六二冊、二三三～二七〇頁。
●ナ行
長澤和俊　一九八三『シルクロードの文化と日本』雄山閣出版。

中田美絵　二〇〇七「不空の長安仏教界台頭とソグド人」『東洋学報』八九巻三号、三三〜六五頁。
中田美絵　二〇一一「八世紀後半における中央ユーラシアの動向と長安仏教界」『関西大学東西学術研究所紀要』四四輯、一五三〜一八九頁。
中田美絵　二〇一六「唐代中国におけるソグド人の仏教「改宗」をめぐって」『東洋史研究』七五巻三号、三四〜七〇頁。

●ハ行

長谷川修一／小澤実（編著）二〇一八『歴史学者と読む高校世界史　教科書記述の舞台裏』勁草書房。
羽田亨　一九九二『西域文明史概論・西域文化史』間野英二（解題）、（東洋文庫545）平凡社。
林俊雄　二〇〇〇「草原世界の展開」小松久男（編）『中央ユーラシア史』（新版世界各国史４）山川出版社、一五〜八八頁。
林俊雄　二〇〇七『スキタイと匈奴　遊牧の文明』（興亡の世界史02）講談社。〈再刊・講談社学術文庫、二〇一七年〉
林俊雄　二〇〇九『遊牧国家の誕生』（世界史リブレット98）山川出版社。
林俊雄　二〇一〇「草原の考古学」菊池俊彦（編）『北東アジアの歴史と文化』北海道大学出版会、一〇五〜一二〇頁。
林俊雄　二〇一二「ユーラシアにおける人間集団の移動と文化の伝播」窪田順平（監修）、奈良間千之（編）『中央ユーラシア環境史１　環境変動と人間』臨川書店、一六四〜二〇八頁。
林俊雄　二〇一八「車の起源と発展」鶴間和幸／村松弘一（編）『馬が語る古代東アジア世界史』汲古書院、三〜三八頁。
林俊雄　二〇一九「草原考古学とは何か――その現状と課題」草原考古研究会（編）『ユーラシアの大草原を掘る　草原考古学への道標』（アジア遊学238）勉誠出版、七〜三五頁。
ハラリ、ユヴァル＝ノア　二〇一六『サピエンス全史　文明の構造と人類の幸福』上下二巻　柴田裕之（訳）、河出書房新社。
ハンセン、ヴァレリー　二〇一六『図説シルクロード文化史』田口未和（訳）、原書房。

東アジアの古代文化を考える会（編）二〇一四『今、騎馬民族説を見直す――東アジア騎馬文化の証言』東アジアの古代文化を考える会。
フィンドリー、カーター＝V　二〇一七『テュルクの歴史――古代から近現代まで』小松久男（監訳）、佐々木紳（訳）、明石書店。
福島恵　二〇一七『東部ユーラシアのソグド人』汲古書院。
福島恵　二〇一八「唐前半期における馬の域外調達」鶴間和幸／村松弘一（編）『馬が語る古代東アジア世界史』汲古書院、二九七～三二六頁。
藤井純夫　二〇〇一『ムギとヒツジの考古学』同成社。
藤川繁彦（編）一九九九『中央ユーラシアの考古学』（世界の考古学６）同成社。
古川攝一／吉田豊　二〇二〇「地蔵菩薩像（マニ像）」『国華』一四九五号、三三～三五頁、図版五。
古畑徹　二〇一八『渤海国とは何か』（歴史文化ライブラリー）吉川弘文館。
古松崇志　二〇二〇『草原の制覇　大モンゴルまで』（岩波新書、シリーズ中国の歴史③）岩波書店。
ベックウィズ、クリストファー　二〇一七『ユーラシア帝国の興亡――世界史四〇〇〇年の震源地』斎藤純男（訳）、筑摩書房。
堀川徹　二〇〇〇「モンゴル帝国とティムール帝国」小松久男（編）『中央ユーラシア史』（新版世界各国史４）山川出版社、一七四～二四四頁。

●マ行

松井太　二〇一三「契丹とウイグルの關係」荒川慎太郎ほか（編）『契丹［遼］と10～12世紀の東部ユーラシア』（アジア遊学160）勉誠出版、五六～六九頁。
松井太　二〇一七「高昌故城寺院址αのマニ教徒と仏教徒」入澤崇／橘堂晃一（編）『大谷探検隊収集西域胡語文献論叢　仏教・マニ教・景教』（龍谷大学西域研究叢書６）龍谷大学仏教文化研究所、七一～八六頁。
松田壽男　一九八六『松田壽男著作集２　遊牧民の歴史』六興出版。〈絹馬交易関係の二論文を含む〉

松田壽男　一九九二『アジアの歴史——東西交渉からみた前近代の世界像』（同時代ライブラリー）岩波書店。〈初出・日本放送出版協会、一九七一年〉
松田壽男　一九九四『砂漠の文化——中央アジアと東西交渉』（同時代ライブラリー）岩波書店。〈初出・中央公論社、中公新書、一九六六年〉
丸橋充拓　二〇一八「「闘争集団」と「普遍的軍事秩序」のあいだ——親衛軍研究の可能性」宮宅潔（編）『多民族社会の軍事統治　出土史料が語る中国古代』京都大学学術出版会、三一～四六頁。
右島和夫（監修）、青柳泰介ほか（編）二〇一九『馬の考古学』雄山閣。
三﨑良章　二〇一二『五胡十六国　中国史上の民族大移動（新訂版）』（東方選書）東方書店。
峰雪幸人　二〇一八「五胡十六国～北魏前期における胡族の華北支配と軍馬の供給」『東洋学報』一〇〇巻二号、一～三一頁。
宮崎正勝　二〇〇九『世界史の誕生とイスラーム』原書房。
本村凌二　二〇〇一『馬の世界史』（講談社現代新書）講談社。
護雅夫　一九六七『遊牧騎馬民族国家』（講談社現代新書）講談社。
護雅夫（編）一九七〇『漢とローマ』（東西文明の交流１）平凡社。
護雅夫　一九七六『古代遊牧帝国』（中公新書）中央公論社。
森美智代　二〇一七「西域北道における誓願図について」宮治昭（編）『アジア仏教美術論集　中央アジアⅠ　ガンダーラ～東西トルキスタン』中央公論美術出版、四二五～四五四頁。
森部豊　二〇一〇『ソグド人の東方活動と東ユーラシア世界の歴史的展開』関西大学出版部。
森部豊（編）二〇一四『ソグド人と東ユーラシアの文化交渉』（アジア遊学175）勉誠出版。
森安孝夫　一九八二「渤海から契丹へ——征服王朝の成立」『東アジア世界における日本古代史講座７　東アジアの変貌と日本律令国家』学生社、七一～九六頁。
森安孝夫　一九八九ａ「トルコ仏教の源流と古トルコ語仏典の出現」『史学雑誌』九八編四号、一～三五頁。〈森安二〇

一五、六一八～六四四頁に修訂版あり〉
森安孝夫　一九八九b～九四「ウイグル文書箚記（その一～その四）」『内陸アジア言語の研究』四号、五一～七六頁：五号、六九～八九頁：七号、四三～五三頁：九号、六三～九三頁。
森安孝夫　一九九一『ウイグル＝マニ教史の研究』『大阪大学文学部紀要』三一／三二（合併号）全冊。
森安孝夫　一九九六「中央ユーラシアから見た世界史——東洋史と西洋史の間」『あうろーら』四号、二六～三八頁。
森安孝夫　一九九七「《シルクロード》のウイグル商人——ソグド商人とオルトク商人のあいだ」『岩波講座世界歴史11　中央ユーラシアの統合（9—16世紀）』岩波書店、九三～一一九頁。〈森安二〇一五、四〇七～四三五頁に修訂版あり〉
森安孝夫　二〇〇四「シルクロード東部における通貨——絹・西方銀銭・官布から銀錠へ」森安孝夫（編）『中央アジア出土文物論叢』朋友書店、一～四〇頁。〈森安二〇一五、四三六～四八九頁に修訂版あり〉
森安孝夫　二〇〇七a『シルクロードと唐帝国』（興亡の世界史05）講談社。〈二〇一六年に講談社学術文庫として増訂版あり〉
森安孝夫　二〇〇七b「唐代における胡と仏教的世界地理」『東洋史研究』六六巻三号、一～三三頁。〈森安二〇一五、三七六～四〇六頁に修訂版あり〉
森安孝夫　二〇一〇「日本に現存するマニ教絵画の発見とその歴史的背景」『内陸アジア史研究』二五号、一～二九頁。
森安孝夫　二〇一一a「内陸アジア史研究の新潮流と世界史教育現場への提言」『内陸アジア史研究』二六号、三～三四頁。
森安孝夫　二〇一一b「シルクロード東部出土古ウイグル手紙文書の書式（前編）」『大阪大学大学院文学研究科紀要』五一号、一～八六頁。
森安孝夫　二〇一一c「シルクロード東部出土古ウイグル手紙文書の書式（後編）」森安孝夫（編）『ソグドからウイグルへ——シルクロード東部の民族と文化の交流』汲古書院、三三五～四二五頁。
森安孝夫　二〇一二「加藤修弘卒業論文の公刊にあたって」『九州大学東洋史論集』四〇号、一～六頁。
森安孝夫　二〇一五『東西ウイグルと中央ユーラシア』名古屋大学出版会。

Moriyasu, Takao, *Corpus of the Old Uighur Letters from the Eastern Silk Road.* (Berliner Turfantexte, 46), Turnhout (Belgium): Brepols, 2019.
森安孝夫／吉田豊　二〇一九「カラバルガスン碑文漢文版の新校訂と訳註」『内陸アジア言語の研究』三四号、一～五九頁。

●ヤ行

安田喜憲　一九九五a「農耕の起源と環境」梅原猛／安田喜憲（編）『講座文明と環境3　農耕と文明』朝倉書店、一一六～一二六頁。
安田喜憲　一九九五b「地球のリズムと文明の周期性」小泉格／安田喜憲（編）『講座文明と環境1　地球と文明の周期』朝倉書店、二四八～二五七頁。
山口博　一九九六『万葉集の誕生と大陸文化――シルクロードから大和へ』（角川選書）角川書店。
山口博　二〇〇四『古代文化回廊　日本』おうふう。
山下将司　二〇〇八「唐の監牧制と中国在住ソグド人の牧馬」『東洋史研究』六六巻四号、一～三一頁。
山田信夫（編）　一九七一『ペルシアと唐』（東西文明の交流2）平凡社。
山田信夫　一九八五『草原とオアシス』（ビジュアル版　世界の歴史10）講談社。
山田信夫　一九八九『北アジア遊牧民族史研究』東京大学出版会。
山田信夫（著）、小田壽典／P＝ツィーメ／梅村坦／森安孝夫（共編）　一九九三『ウイグル文契約文書集成』全三巻、大阪大学出版会。
山部能宜　二〇一〇「禅観と禅窟」奈良康明／石井公成（共編）『文明・文化の交差点』（新アジア仏教史5　中央アジア）佼成出版社、二八七～三一六頁。
吉田豊　一九八八「カラバルガスン碑文のソグド語版について」『西南アジア研究』二八号、二四～五二頁。
吉田豊　一九八九「ソグド語雑録（Ⅱ）」『オリエント』三一巻二号、一六五～一七六頁。
吉田豊　二〇〇九「寧波のマニ教画　いわゆる「六道図」の解釈をめぐって」『大和文華』一一九号、三～一五頁。

吉田豊　二〇一〇a「新出マニ教絵画の形而上」『大和文華』一二一号、三〜三四頁。
吉田豊　二〇一〇b「出土資料が語る宗教文化――イラン語圏の仏教を中心に」奈良康明／石井公成（共編）『文明・文化の交差点』（新アジア仏教史5　中央アジア）佼成出版社、一六五〜二一五頁。
吉田豊　二〇一一a「ソグド人とソグドの歴史」曾布川寛／吉田豊（共編）『ソグド人の美術と言語』臨川書店、七〜七八頁。
吉田豊　二〇一一b「ソグド人と古代のチュルク族との関係に関する三つの覚え書き」『京都大学文学部研究紀要』五〇号、一〜四一頁。
吉田豊　二〇一五「漢語仏典と中央アジアの諸言語・文字――中世イラン語、特にソグド語仏典の場合」新川登亀男（編）『仏教文明の転回と表現――文字・言語・造形と思想』勉誠出版、二四〜五一頁。
吉田豊　二〇一七a「ソグド語訳『楞伽師資記』と関連する問題について」『東方学』一三三輯、五二〜三一頁（逆頁）。
吉田豊　二〇一七b「トルファンおよび中国江南のマニ教絵画について――マニの描いた「絵図」を視野に」宮治昭（編）『アジア仏教美術論集　中央アジアI　ガンダーラ〜東西トルキスタン』中央公論美術出版、五五一〜五八二頁。
吉田豊／森安孝夫　二〇〇〇「ベゼクリク出土ソグド語・ウイグル語マニ教徒手紙文」『内陸アジア言語の研究』一五号、一三五〜一七八頁。
吉田豊／古川攝一（編）二〇一五『中国江南マニ教絵画研究』臨川書店。

●ラ行

ラ＝ヴェシエール、エチエンヌ＝ドゥ　二〇一九『ソグド商人の歴史』影山悦子（訳）、岩波書店。

歴史学研究会（編）一九九五『世界史とは何か――多元的世界の接触の転機』（講座世界史1）東京大学出版会。

［マ・ヤ］

［ラ・ワ］

［ハ］

［ナ］

［タ］

［サ］

［カ］

索引

・頻出する用語は、主要な記述のあるページのみをあげた。
・過去の国家名・王朝名・都市名や文献・資史料の名称は、適宜取捨選択した。
・歴史上の人物および近現代の研究者の人名も、適宜取捨選択した。
・現代の国名・地域名、山脈・砂漠・草原・海洋・河川などの地名は、一部の例外を除き、省略した。

［ア］

森安孝夫（もりやす・たかお）

一九四八年福井県生まれ。東京大学文学部卒業。同大学院在学中に、フランス政府給費留学生としてパリ留学。金沢大学助教授、大阪大学教授、近畿大学特任教授などを経て、現在、㈶東洋文庫監事・研究員、大阪大学名誉教授。博士（文学）。おもな著書に『興亡の世界史05シルクロードと唐帝国』（講談社）、『ウイグル＝マニ教史の研究』（大阪大学文学部紀要）、『東西ウイグルと中央ユーラシア』（名古屋大学出版会）、編著書に『中央アジア出土文物論叢』（朋友書店）、『ソグドからウイグルへ――シルクロード東部の民族と文化の交流』（汲古書院）ほか。

一九九七年、キョル＝テギン碑文にて

シルクロード世《せ》界《かい》史《し》

二〇二〇年　九月九日　第一刷発行
二〇二〇年一〇月二日　第二刷発行

著者　森《もり》安《やす》孝《たか》夫《お》

発行者　渡瀬昌彦
発行所　株式会社 講談社
東京都文京区音羽二丁目一二―二一　〒一一二―八〇〇一
電話（編集）〇三―三九四五―四九六三
（販売）〇三―五三九五―四四一五
（業務）〇三―五三九五―三六一五

装幀者　奥定泰之
本文データ制作　講談社デジタル製作
本文印刷　株式会社 新藤慶昌堂
カバー・表紙印刷　半七写真印刷工業 株式会社
製本所　大口製本印刷 株式会社

ISBN978-4-06-520891-5　Printed in Japan
N.D.C.220　229p　19cm

講談社選書メチエの再出発に際して

講談社選書メチエの創刊は冷戦終結後まもない一九九四年のことである。長く続いた東西対立の終わりはついに世界に平和をもたらすかに思われたが、その期待はすぐに裏切られた。超大国による新たな戦争、吹き荒れる民族主義の嵐……世界は向かうべき道を見失った。そのような時代の中で、書物のもたらす知識が一人一人の指針となることを願って、本選書は刊行された。

それから二五年、世界はさらに大きく変わった。特に知識をめぐる環境は世界史的な変化をこうむったとすら言える。インターネットによる情報化革命は、知識の徹底的な民主化を推し進めた。誰もがどこでも自由に知識を入手でき、自由に知識を発信できる。それは、冷戦終結後に抱いた期待を裏切られた私たちのもとに差した一条の光明でもあった。

その光明は今も消え去ってはいない。しかし、私たちは同時に、知識の民主化が知識の失墜をも生み出すという逆説を生きている。堅く揺るぎない知識も消費されるだけの不確かな情報に埋もれることを余儀なくされ、不確かな情報が人々の憎悪をかき立てる時代が今、訪れている。

この不確かな時代、不確かさが憎悪を生み出す時代にあって必要なのは、一人一人が堅く揺るぎない知識を得、生きていくための道標を得ることである。

フランス語の「メチエ」という言葉は、人が生きていくために必要とする職、経験によって身につけられる技術を意味する。選書メチエは、読者が磨き上げられた経験のもとに紡ぎ出される思索に触れ、生きるための技術と知識を手に入れる機会を提供することを目指している。万人にそのような機会が提供されたとき初めて、知識は真に民主化され、憎悪を乗り越える平和への道が拓けると私たちは固く信ずる。

この宣言をもって、講談社選書メチエ再出発の辞とするものである。

二〇一九年二月　　野間省伸